A BOA MESA COM SOTAQUE ITALIANO

Mangia che te fa bene

ANONYMUS & RADICCI

JOSÉ ANTONIO PINHEIRO MACHADO & IOTTI

A BOA MESA COM SOTAQUE ITALIANO

Mangia che te fa bene

L&PM EDITORES

Projeto gráfico e capa: Ivan Pinheiro Machado
Tradução de 100 receitas de Cozinha Veneziana: Alexandro Zir
Revisão: Renato Deitos, Jó Saldanha e Flávio Dotti Cesa

ISBN: 85.254.1324-0

P654b Pinheiro Machado, José Antonio, 1949-
A boa mesa com sotaque italiano / José Antonio Pinheiro Machado /e/ Iotti; ilustrações de Iotti. . -- Porto Alegre: L&PM, 2003.
216 p. ; 21 cm

1. Gastronomia italiana-Receitas. 2.Fição brasileira-crônicas. 3. Iotti, 1964-il. 4. Machado, José Antonio Pinheiro I. Título.

CDU 641.568(450)(083.12)
869.0(81)-94
821.134.3(81)-94

Catalogação elaborada por Izabel A. Merlo, CRB 10/329.

Porto Alegre: Rua Comendador Coruja 314, loja 9 - 90220-180
Floresta - RS / Fone: (0xx51) 3225.5777
informações e pedidos: info@lpm.com.br
www.lpm.com.br

Impresso no Brasil
2003

Índice

ANEXO

APRESENTAÇÃO

O SOTAQUE ITALIANO

Os italianos estão em toda parte, em todas as mesas, com suas saborosas influências. Neste livro, a alegria irresistível do Radicci percorre a cozinha sem segredos do Anonymus Gourmet, que selecionou receitas de origem mais ou menos italiana, receitas que transitam diariamente nas mesas de muitos iotti, que atendem o chamado do sangue, e também muitos pinheiro machado, que obedecem principalmente ao apetite.

Com exceção do capítulo final, não são receitas exatamente italianas, nem sequer as receitas da colonização italiana: são adaptações, derivações, corruptelas, inspirações, com toda a imensa riqueza que essas transformações representam. Entretanto, em todas elas, é indisfarçável o sotaque.

O capítulo final é a reprodução de um livro de 1908, com a receitas do Vêneto, região de onde vieram os italianos que colonizaram a Serra Gaúcha e outras regiões brasileiras. São receitas autênticas, do Século XIX e de muito antes, que mostram bem de onde vieram muitas das alquimias livremente adaptadas de hoje. É a raiz, a gênese dessa espécie de *fritto misto*, bem peninsular – tanto na variedade, quanto nos sabores – que aparece na maior parte do livro.

Radicci e Anonymus Gourmet se curvam à sedução italiana, que encanta nossas mesas e nossas vidas.

Em qualquer esquina do mundo há uma pizzaria. Não há bodega do Piauí, da Alemanha ou da Nigéria em que não seja possível comprar um pacote de spaghetti. No interior mais remoto do país, uma cozinheira pobre, que talvez nunca tenha ouvido falar na Itália, ou em Milão, sabe preparar um bife à milanesa no capricho. Não encontrei em Milão qualquer bife que se aproximasse do "à milanesa" da minha avó. E o parmigiana que ela fazia? Será que haveria algo parecido em Parma? E ela não tinha uma só gota de sangue italiano, era pêlo-duro brasileira, remotamente açoriana. E assim é por toda parte. Do Alegrete a Shangai, há pizzaiolos que não têm qualquer identidade nacional com a Itália pelo sangue, mas apenas pelo molho de tomate.

O sotaque italiano, em matéria de gastronomia, transbordou fartamente os limites da colônia italiana e ganhou as ruas do mundo. Molho à bolonhesa, peixe à siciliana, lingüiça calabresa... São nomes que ecoam por toda parte onde se faça comida e têm significado imediato para o consumidor mais distraído.

O mais notável é que as grandes estrelas da cozinha italiana são alienígenas. Os tomates vieram da América (junto com o milho da polenta). A gênese da pizza é reivindicada pelos árabes. O macarrão, conta a lenda, foi trazido por Marco Polo da China. E a mozarela de búfala? Por certo que ela é ingrediente indispensável em qualquer mesa de *antipasto* verdadeiramente italiano. Mas, veja só, os búfalos só chegaram à Itália no século VI, trazidos pelos bárbaros.

Na verdade, a mesa italiana tem a vocação de sintetizar e recriar o que antes, longe da península, não fazia sentido, nem tinha prestígio. A pizza, tenha a origem que tiver, precisou passar por Nápoles para ganhar o mundo. Ainda que os bárbaros não tivessem trazido os búfalos, e mesmo que manadas de búfalos jamais tivessem cruzado os prados verdejantes da Toscana, não haveria como disputar a primazia italiana em matéria de mozarela.

É um pouco o que os italianos fizeram com tantas outras coisas. A esperteza na política, que deve ser um pesadelo coletivo até no meio dos esquimós, só se tornou uma marca com Maquiavel. A sedução amorosa, que existe até entre as espécies mais brutas, tem o inevitável sotaque italiano de um personagem de ficção – Don Juan, na verdade Don Giovanni – e a confirmação veemente de um veneziano de carne e osso: Giacomo Casanova. A escalada não tem limites. Talvez nem os limites da face da terra: será que o Céu e o Inferno teriam o prestígio que têm, se não fosse Dante Alighieri?

J. A. Pinheiro Machado

A Pequena Itália

Não por acaso há quem chame de "Pequena Itália" a região de colonização italiana do Rio Grande do Sul. O inesgotável repertório de exageros amáveis e reverências justificadas aos encantos da Itália pode ser encontrado também ali, nas paisagens naturais intactas da região do vinho gaúcho, que inclui Garibaldi, Bento Gonçalves, Farroupilha, Flores da Cunha e outras cidades menores, que têm cenários em alguns casos imutáveis há um século.

O "dom fatal da beleza", que Byron encontrou na Itália, aparece nos recortes deslumbrantes de imagens da Serra Gaúcha, como o vale do rio das Antas, cheio de matos não-violados e riachos de água límpida; ou os Aparados da Serra, com seus canyons *imensos, intactos, belíssimos, inacessíveis: imagens que fazem lembrar as paisagens do "belo país que os Apeninos dividem e o mar e os Alpes circundam", como recitou Petrarca. Luís Fernando Veríssimo garante que não exagera quando compara a Serra Gaúcha com o interior da Toscana.*

Além da paisagem, as reminiscências italianas aparecem com força nas casas, na agricultura, no hábito de fazer e beber vinho, na gastronomia e no idioma: quanto mais longe dos centros urbanos, maior é o uso do dialeto vêneto, que em alguns lugares chega a ter ampla primazia sobre o Português.

Uma das descobertas mais encantadoras para quem percorre aquela região do Rio Grande do Sul é perceber que muitas das práticas dos antigos imigrantes, em matéria de gastronomia, continuam vivas e em pleno uso. Lá, um caldo é um caldo. É preciso uma boa e velha galinha ciscadeira, para começo de conversa. De preferência criada no galinheiro do pátio da casa. Na Serra Gaúcha sabe-se que os caldos em tabletes apresentam para a culinária os mesmos perigos que a má literatura oferece à saúde intelectual de uma civilização: são fáceis de serem consumidos, mas sua falta de sabor acaba por entorpecer o gosto.

As paisagens verdejantes e luminosas, ao fundo, e um caldo de galinha, com o sabor inconfundível de uma velha e gorda galinha, são os primeiros ingredientes de uma verdadeira sopa de cappelletti.

"Limpe uma galinha bem gorda, parta-a em pedaços e refogue-a junto com os miúdos em gordura, azeite ou manteiga, com presunto, sal, alho, rodelas de cebola e tomates" – *os caldos lá, em geral, começam com esse tipo de conselho iluminante.*

J.A.P.M.

Âncoras poderosas

A Itália não precisaria de um personagem de ficção, como Don Juan, para celebrizá-la em matéria de sedução. Das páginas de sua história emerge uma personalidade de carne e osso que ultrapassou a imaginação mais maliciosa: Giovanni Jacopo Casanova, natural de Veneza, que viveu entre 1725 e 1798, auto-intitulado Chevalier de Seingalt, título com o qual freqüentou as cortes de cinco países, colocando à prova centenas de senhoras virtuosas. Modestamente, dizia que suas maiores conquistas foram na cozinha, "na comunhão de um prato de massa com um copo de vinho", como escreveu em Amours. Preparava uma travessa de spaghetti, servia o prato da dama, e ele comia diretamente da travessa. Cavalheirismo misturado com astúcia machista, porque o melhor do molho fica na travessa. Assim se faz até hoje, não só na Itália.

Na verdade, as travessas de macarrão, a sedução dos casanovas e don juans, e outros sabores da Itália ganharam o mundo. Dias atrás, examinando um livro sobre "comidas brasileiras e populares", encontrei lá: macarronada. Tem certa razão aquela leitora que reclamou dos pilares da fama italiana no mundo ¾ a sedução e o macarrão.

Casanova, que cultivou ambos os prazeres, chegou a ser condenado e preso pela Inquisição porque, para conquistar uma bela marquesa, não hesitou em dedicar-se à prestidigitação e à magia negra. Depois de fugir da prisão, desencaminhou uma jovem freirinha de Veneza. Passaram juntos uma noite de surpresas inesquecíveis regadas a champagne, mas, na manhã seguinte, a freirinha se arrependeu e denunciou-o ao bispo. Em sua defesa, Casanova alegou que a situação era inversa: ele, um nobre respeitável, é que fora desencaminhado por uma freira fugitiva. Num dos livros em que relata sua vida aventurosa, Casanova conta que, num hotel do interior, foi atendido por uma jovem camareira "deliciosamente linda". Quando quis se aproximar da garota, um amigo advertiu escandalizado que ela era excessivamente jovem. Casanova reagiu imperturbável: "Esse é um defeito que o tempo se encarregará de corrigir." No fim da vida, arruinado, conseguiu emprego no Château de Dux, na Boêmia, como bibliotecário. Escreveu belos livros, leu muito e... teve um caso, sereno e sem sobressaltos, com a duquesa, diante da discreta complacência do duque...

É inevitável lembrar os versos de Paulo Mendes Campos: "Que âncoras poderosas carregamos em nossa noite atribulada! Que força de destino tem a carne, feita de estrelas turvas e de nada!"

J.A.P.M.

Caldos e ensopados

Brodo serrano

(6 pessoas)

carcaça, pescoço e asas de 1 galinha
2½ litros de água
1kg de batatas-inglesas
2 cebolas cortadas em rodelas
500g de *cappelletti*
tempero verde
1 dente de alho picado

Frite os pedaços de galinha com a cebola e o alho, acrescentando a água. Deixe ferver por 30 minutos, adicionando a seguir o tempero verde, as batatas e os *cappelletti*. Cozinhe mais 30 minutos aproximadamente e sirva bem quente.

Caldo de carne

(6 pessoas)

1kg de carne bovina com osso (e/ou ponta da agulha, peito ou coxão duro)
2½ litros de água
100g de presunto tipo italiano cortado em cubos
2 cenouras limpas e cortadas ao meio
1 nabo pequeno limpo e cortado em pedaços médios
1 cebola média
2 tomates limpos cortados em quatro
1 alho-poró limpo e picado grosso
1 dente de alho socado com sal
azeite ou banha

Refogue numa panela grande bem quente, com banha ou azeite, a carne, os ossos e os demais ingredientes. Quando dourar a carne, acrescente água aos poucos.

Tampe a panela e deixe ferver durante duas horas ou mais, até que a carne esteja bem macia, quase se desmanchando. Dê uma regulada no sal e deixe ferver um pouco mais.

Quando o caldo começar a reduzir, está pronto. Coe-o e use ou guarde. Pode ser congelado, dividindo-se em partes para maior comodidade.

O caldo de carne é uma elaboração simples e serve de base para diversos molhos e sopas.

Caldo de galinha

(6 pessoas)

1 galinha ou frango
2½ litros de água
100g de presunto tipo italiano
gordura, azeite ou manteiga
2 cebolas cortadas ao meio
1 cebola média com dois cravinhos-da-índia espetados

2 tomates cortados ao meio
2 cenouras limpas e cortadas ao meio
1 nabo pequeno limpo cortado em pedaços médios
cheiro-verde
louro
manjerona
sal
1 dente de alho

LIMPE UMA GALINHA bem gorda, parta-a em pedaços e refogue-a em gordura, azeite ou manteiga, com presunto, sal, alho, rodelas de cebola e tomates.

Pode-se usar, eventualmente, partes da galinha que não sejam utilizadas em outras preparações, como carcaça, pescoço, asinhas, etc., e também miúdos.

Depois de tudo bem refogado, junte água fervente (em quantidade suficiente para cozinhar bem a galinha e de acordo com o volume de caldo que desejar), cenoura, nabo, a cebola inteira com os cravinhos espetados, assim como cheiro-verde, um pedacinho de louro e um galhinho de manjerona.

Se quiser, acrescente outros vegetais, a gosto.

Deixe ferver em fogo brando no mínimo uma hora e, quando o caldo estiver bem apurado, coe e está pronto para ser utilizado como base para molhos, sopas e diversos pratos.

Canja de galinha

(6 pessoas)

2½ litros de água
2 carcaças de galinha
1 cebola picada fininha
2 dentes de alho esmagados
1 xícara de arroz
500g de batatas cortadas em cubos

3 cenouras em rodelas
banha
tempero verde e sal a gosto

Coloque numa panela bem quente, com um pouco de banha, a cebola e o alho e refogue bem. Depois, frite as carcaças. Cubra com água e coloque o arroz, as batatas, a cenoura e sal a gosto e deixe cozinhar bem. Quando a galinha estiver se soltando dos ossos, a batata macia e o arroz cozido, está pronta a canja.

A canja pode ser enriquecida com miúdos, que entram no cozimento junto com as carcaças de galinha.

Ela deve ser servida bem quente, em pratos previamente escaldados, para não esfriar. Na hora de servir, se quiser reforçar a canja, coloque no fundo de cada prato previamente aquecido uma gema crua, derramando a canja por cima. A gema vai cozinhar, engrossando o caldo e valorizando o sabor.

Creme de tomate

(4 pessoas)

1kg de tomates
2 cenouras
2 cebolas
2 talos de aipo
1 litro de caldo de carne
2 colheres de sopa de manteiga
2 colheres de sopa de nata
1 colher de sopa de farinha de trigo
sal e açúcar

Bata todos os ingredientes no liquidificador. Leve-os ao fogo numa panela. Depois de ferver, baixe o fogo e deixe cozinhar por uma hora. Se o caldo estiver espesso, coloque mais um pouco de água, caso contrário, mais um pouco de farinha.

Sopa de cappelletti

(6 pessoas)

2½ litros de água
sálvia
1 cenoura
salsão
500g de *cappelletti*
500g de carne bovina ou de frango

O brodo:

Cozinhe os ingredientes, menos os *cappelletti*, por 6 horas em uma panela com água. Depois de cozidos, retire as carnes e coe o caldo.

No caldo, temperando a gosto, cozinhe os *cappelletti*.

Antes de servir, corte a carne em pedaços pequenos ou despedace o frango.

Sopa de pimentão amarelo

(4 pessoas)

1 aipo picado
1 cebola picada
2 cenouras picadas
6 pimentões amarelos em tiras e sem sementes
2 batatas em pedaços
1 litro de água
1 xícara de leite
2 xícaras de caldo de galinha já dissolvido
sal, pimenta-do-reino a gosto
folhas de louro
queijo parmesão ralado
azeite de oliva

Coloque numa panela azeite de oliva e frite o aipo, a cebola e as cenouras até que fiquem macios. Adicione os pimentões amarelos. Cubra com um litro de água e o caldo de galinha. Junte as batatas. Deixe ferver por cerca de 25 minutos. Acrescente sal, pimenta, louro e o leite. Liquidifique tudo e sirva com pão e queijo parmesão ralado.

Sopa de queijo

(4 pessoas)

1 xícara de queijo parmesão ralado
1 xícara de queijo prato ralado
1 xícara de queijo provolone ralado
2 xícaras de farinha de trigo
4 xícaras de leite
1 cebola média picada
2 dentes de alho picados
100g de manteiga
cebolinha picada

REFOGUE A CEBOLA E O alho na manteiga, acrescente uma xícara de leite, a farinha e os queijos provolone e parmesão. Retire do fogo a mistura e liquidifique com o restante do leite. Leve ao fogo por mais alguns minutos, mexendo. Desligue o fogo, coloque o queijo prato e a cebolinha, mexa bem e sirva imediatamente.

Sopa de vinho

(6 pessoas)

1 litro de caldo de carne sem gordura
1 litro de vinho branco seco
6 gemas
200g de creme de leite ou nata

BATA NO LIQUIDIFICADOR TODOS OS ingredientes. A seguir, leve essa mistura ao fogo, numa panela, mexendo bem, e deixe cozinhar. Mexa sempre, até obter uma consistência cremosa. Retire e sirva sobre pequenos cubos de pão torrado, polvilhados com canela.

Sopão verde

(4 pessoas)

1 lata de ervilha em conserva com água
1 pacote de creme de ervilha
300g de carne picada
1 cebola picada
150g de lingüiça
1 molho de espinafre
azeite de oliva

Bata no liquidificador o conteúdo da lata de ervilha com a água, o pacote de creme de ervilha e o espinafre. Coloque um pouco de água antes de bater. Vai ficar um belo creme verde. Reserve. Numa panela ampla, frite a carne, a cebola e a lingüiça cortada em rodelas com um pouco de azeite de oliva. Acrescente o creme verde batido no liquidificador e deixe ferver por meia hora. Para deixar mais líquido o sopão, acrescente água.

Tomates com sementes

A macarronada, antes de adquirir a nacionalidade italiana, veio da China, por Marco Polo, como se sabe. Outros clássicos da gastronomia italiana também tiveram que se naturalizar. A farinha de milho da polenta e até os tomates (i pomodori!!), que são a alma da maioria dos molhos, vieram de longe.

Está certo, é quase impossível imaginar a Itália sem os tomates. Mas esse fruto (sim, é um fruto!) só chegou à Europa no século XVI, trazido do México e do Peru pelos descobridores. Acreditava-se inicialmente que era um poderoso afrodisíaco e, por isso, ficou conhecido como pomme d'amour, *em francês, ou "maçã do amor". Não era inteiramente errada a suposição, como descobriu a ciência bem mais tarde: o seu alto teor de ferro e vitaminas contribui para renovar o vigor das pessoas. O nome terminou mudando para "maçã de ouro",* pomme d'or, *sempre em francês, que resultou no pomodoro italiano de hoje.*

Tomates... Quem não gosta de tomates? Além de saboroso, ao natural ou em molhos, o tomate é saudável. Especialmente para os homens: depois dos cinqüenta, os médicos recomendam comer todos os dias, faz bem para a próstata. Tomates podem ficar frescos e bonitos até um mês se forem armazenados bem secos num saco plástico com farinha, na geladeira. E podem durar indefinidamente se forem preservados num vidro com sal, vinagre e água suficiente para cobri-los. Para impedir a entrada de ar no recipiente, acrescente azeite até formar uma camada de um centímetro na superfície da água. Assim, a qualquer hora eles estarão ali, com a cor e o sabor intactos, vermelhos e suculentos.

Num daqueles momentos difíceis da existência, quando o chão parece faltar e o céu assemelha-se a um grande teto de chumbo, pronto a desabar, há uma receita que pode salvar o humor: tomates recheados. Corte uma delicada tampinha de um tomate. Retire, por ali, o interior, a "carne" do fruto, incluindo as saborosas sementes. Até hoje não entendi por que as receitas exigem: "retire as sementes e a casca!". Pobre de mim que salivo por elas. Com a "carne" e as sementes faça um refogado com sardinha, cebola picada, farinha de rosca e queijo ralado. Esse refogado vai rechear o tomate que ficou oco. Leve ao forno por uns 15 minutos. Abra um tinto à altura – do bolso ou da desilusão que você deseja espantar. Depois de saborear o tomate recheado, com um cálice de vinho tinto, acontece o milagre: o céu começa a ficar azul e o chão torna-se sólido como sempre.

J.A.P.M.

Entradas e acompanhamentos

Patê de fígado

1 cebola média picada
100g de toicinho fresco picado
250g de fígados de ave frescos e bem limpos
200g de manteiga
limão
1 cálice de bom conhaque
sal e pimenta a gosto

TEMPERE OS FÍGADOS COM O limão, sal e pimenta, pique-os e refogue com a cebola e o toicinho. Deixe esfriar e passe no liquidificador ou multiprocessador. Em seguida, coe a mistura por uma peneira fina. Adicione a manteiga levemente derretida e o conhaque, misturando bem, na batedeira ou no liquidificador. Coloque em fôrma de vidro ou porcelana e deixe uma noite na geladeira. Sirva com torradinhas.

Cortado em fatias de 1cm e servido num prato pequeno, funciona como excelente entrada.

Prosciutto e rúcula

3 ramos de rúcula
250g de presunto cru (tipo Parma)

LAVE BEM OS RAMOS DE RÚCULA, secando cuidadosamente as folhas a seguir. Organize-os em pequenos montinhos no centro de pratos médios. Corte o presunto em fatias muito finas (dá para seis pratos aproximadamente), distribuindo-as sobre os montinhos de rúcula, cobrindo-os completamente deixando o verde aparecer apenas no centro.

Salada capresa

(4 pessoas)

Para a salada:
2 tomates gaúchos
250g de mozarela de búfala

Para o molho:
azeite
vinagre balsâmico
manjericão fresco

Corte ao meio os tomates, que devem ser grandes, colocando-os emborcados no prato da entrada. Faça um corte na parte de cima das metades emborcadas, introduzindo, como uma cunha, uma fatia da mozarela em cada uma. Regue com o molho. O jornalista e cozinheiro Sílvio Lancellotti, que apresentou esta receita no programa do Anonymus Gourmet gravado no restaurante *Il Gattopardo*, de Porto Alegre, ensina que esta entrada pode ser servida quente ou fria. Se quente, vai ao forno apenas o tempo suficiente para derreter o queijo. As porções são individuais.

Arroz e risotos

Arroz com aspargos

(6 pessoas)

2 xícaras de arroz
1 lata de aspargos
1½ litro de caldo de galinha
2 colheres de sopa de manteiga
queijo ralado
sal

Caldo:
1½ litro de água
2 tabletes de caldo de galinha
água da lata de aspargos

Arroz:

COLOQUE A MANTEIGA NUMA PANELA e deixe fritar, cuidando para não queimar.

Junte o arroz, escolhido e lavado, mexendo por 10 minutos; após, acrescente o caldo (ver receita logo abaixo) e o sal e deixe cozinhar em fogo lento. À parte, corte os aspargos em pedaços de aproximadamente 4cm e reserve as pontas.

Quando o arroz estiver quase pronto, adicione os aspargos cortados e misture bem. Acrescente o queijo ralado.

Coloque numa travessa e cubra com queijo ralado. Enfeite com as pontas dos aspargos.

Caldo:

Junte os líquidos (inclusive a água do aspargo) e leve ao fogo.

Quando ferverem, acrescente os tabletes de caldo de galinha até que dissolvam bem.

Arroz de forno

(14 pessoas)

2 xícaras de arroz cozido
½ galinha refogada em molho
1 lata de milho
1 lata de ervilha
azeitonas, queijo ralado, batata-palha frita

Forre o fundo de um pirex com arroz.

Coloque por cima a galinha desfiada, as azeitonas picadas, o milho e a ervilha sem a água.

Cubra com queijo ralado e leve ao forno, até esquentar bem.

Na hora de servir, coloque as batatas fritas por cima.

Sugestão:

A galinha utilizada pode ser aproveitada de sobras.

É uma refeição quase completa, podendo ser servida com salada mista ou verde.

Arroz piemontês

(6 pessoas)

Para o arroz:
3 xícaras de arroz
6 xícaras de água

Para o molho:
350g de cogumelos
350g de nata natural
1½ xícara de leite
3 colheres de sopa de manteiga
1 colher de maisena
sal e pimenta branca a gosto
200g de queijo ralado

DESCONHECIDO NO PIEMONTE, mas famoso em botequins brasileiros. O arroz, um arroz comum, deve ser feito na hora, preparado na forma convencional, temperado com sal e, para quem gosta, uma cebolinha picada. Quando estiver pronto, reserve.

Prepare o molho à parte, começando por derreter a manteiga numa panela já bem aquecida. Acrescente o cogumelo fatiado, a nata natural e o leite. Engrosse com maisena previamente dissolvida num pouco de água fria. Tempere com sal e pimenta branca. Adicione o queijo ralado e, rapidamente, enquanto estiver ainda bem quente, misture tudo ao arroz já pronto.

Arroz putanesca

(6 pessoas)

2 xícaras de arroz
4 xícaras de caldo de galinha
2 dentes de alho picados
1 cebola picada
2 colheres de sopa de massa de tomate
1 lata de atum
1 lata de sardinha
1 lata de anchovas
1 copo de alcaparras
1 tomate picado
1 copo de vinho branco
1 xícara de queijo ralado

FRITE A ANCHOVA, O ATUM E a sardinha numa panela com azeite quente. Deixe desmanchar. Acrescente a cebola, o alho, as alcaparras, o tomate e o extrato de tomate. Refogue bem. Depois, agregue o arroz e o caldo de galinha. Cozinhe. No final, quando o arroz estiver no ponto, antes de desligar o fogo, acrescente uma xícara de queijo ralado e o copo de vinho branco.

Falso risoto

arroz branco já pronto
1 a 2 colheres de sopa de nata
1 a 2 colheres de sopa de requeijão
1 copo de cogumelos em conserva com a água

Este risoto é muito simples: pegue o arroz já pronto e dê uma refogada na panela, acrescentando aos poucos, dependendo da quantidade dele, uma ou duas colheres de nata e a mesma quantidade de requeijão. Adicione os cogumelos, inclusive com um pouco da água dele, para deixar mais molhado o arroz. Mexa bem e sirva bem quente.

Risoto da copa

(4 pessoas)

3 dentes de alho picados
100g de queijo parmesão ralado
1 caixinha de creme de leite (200g)
200g de frango cortado em cubos
1 cebola picada
100g de cogumelos picados
1 punhado de azeitonas sem caroço
4 xícaras de arroz pronto
4 colheres de sopa de azeite de oliva

AQUEÇA O AZEITE DE OLIVA numa panela e frite o frango. Depois acrescente o alho e a cebola. Em seguida, coloque as azeitonas e o arroz já pronto. Depois, o creme de leite, o queijo ralado e os cogumelos. Misture bem e está pronto!

Risoto de frango e champignon

(6 pessoas)

2 xícaras de arroz
1 xícara de caldo de carne
1 xícara de vinho branco
3 xícaras de água
1 cebola bem picada
2 dentes de alho esmagados
1 xícara de nata fresca
500g de carne de frango picada
1 xícara de nata fresca
2 colheres de sopa de queijo parmesão ralado
2 colheres de sopa de manteiga
sal e pimenta branca

Numa panela aquecida, refogue a cebola e o alho na manteiga, acrescentando a carne de frango, o arroz, sal a gosto, pimenta branca, refogando bem. A seguir, agregue o caldo de carne e o vinho branco e complete com água. Cozinhe em fogo bem baixo, até ficar no ponto. Não deve ficar nem muito cozido nem muito seco. No final, acrescente a nata e o queijo ralado, mexendo bem até derreter e incorporar ao arroz.

Risoto de morangos

(6 pessoas)

Para o brodo:

600g de carne com osso (gado, vitela ou cordeiro, de preferência branco e redondo, como o joelho)

3 litros de água

1 cebola grande espetada com cravos-da-índia

1 cenoura pequena

2 talos de aipo (só as folhas, os talos pode-se comer com sal e azeite, enquanto prepara o caldo)

sal e pimenta em grão

ervas secas ou frescas (podem ser de Provence; se forem frescas, faça um buquê)

Para o risoto:

3 xícaras de arroz

400g de morangos

6 xícaras de brodo

1 colherinha de sal

1 colherinha de açúcar

200g de manteiga

150g de queijo parmesão ralado na hora

1 cebola grande espetada com cravos-da-índia

O brodo:

COLOQUE TODOS OS INGREDIENTES em uma panela com, no mínimo, 3 litros de água. Ferva inicialmente com a panela fechada. Depois, deixe a tampa com uma fresta, para reduzir o líquido. Ferva por cerca de 2 horas. Obtém-se pelo menos 2 litros de brodo, ao coar. O risoto exige menos do que isso, mas o que sobrar pode ser congelado que fica excelente.

O risoto:

FRITE A CEBOLA INTEIRA com os cravos em 100g de manteiga (a cebola deve ser retirada no final). Acrescente metade dos morangos, partidos ao meio. Refogue rapidamente e junte o arroz, mexendo bem. Adicione o brodo aos poucos. Prove freqüentemente. Quando estiver al dente (mais ou menos 15 minutos), retire a cebola, acrescente o restante da manteiga, o queijo ralado e os morangos inteiros e moa um pouco de pimenta por cima, deixando descansar por uns cinco minutos na panela fechada.

Sirva numa travessa, decorando com alguns morangos inteiros e crus.

Sedução e macarrão

D. H. Lawrence, que viajou muito pelo interior da Itália, observou que o gosto pela sedução é "um traço característico do caráter nacional" e anotou com certa perplexidade no seu livro Twilight in Italy*: "A forma lasciva com que os homens olham para as mulheres bonitas é impressionante. Cada um deles pensa que é Adonis e todos agem como se fossem Don Juan. É extraordinário!"*

Don Juan se tornou uma lenda italiana na ópera Don Juan – il dissoluto punito ossia Don Giovanni, *de Lorenzo da Ponte. A fala de Leporello, o criado de Don Juan, em* Don Giovanni, *a propósito, é sugestiva: "Madame, este caderno é um catálogo que contém a relação das mulheres seduzidas por Don Juan, meu patrão, que se tornaram suas amantes. Na Itália, 640; na Alemanha, 231; 100 na França e 91 na Turquia; mas, na Espanha, elas já são 1.003! Entre elas, há camponesas, criadas, senhoras burguesas, condessas, baronesas, marquesas, princesas... Há mulheres de todas as classes sociais, de todas as estaturas e tipos, de todas as idades... Ele aprecia a gentileza das loiras, a constância das morenas, a doçura daquelas que começam a ganhar os primeiros cabelos brancos... No inverno, ele gosta de uma gordinha, e aprecia as mais magras nos dias quentes de verão... Gosta da majestade de uma mulher de grande estatura, mas não despreza o encanto de uma baixinha. Não se constrange sequer de conquistar as velhas mais charmosas para aumentar a lista. Mas a grande paixão dele, na verdade, é quando aparece uma jovem principiante: não lhe importa que seja rica, pobre, feia ou formosa. Ele fica transtornado".*

J.A.P.M.

Massas, empadões, pastéis e pizzas

Cabelo-de-anjo com bacalhau

(6 pessoas)

500g de massa tipo cabelo-de-anjo
500g de bacalhau desfiado
12 azeitonas pretas sem caroço
12 azeitonas verdes sem caroço
50g de alcaparras
2 dentes de alho
2 cebolas picadas
2 tomates picados
pimenta-do-reino a gosto
2 copos de vinho branco seco
½ xícara de salsa e cebolinha picadas misturadas com folhas de manjericão

FRITE O ALHO NO AZEITE DE OLIVA e acrescente o bacalhau (deve ficar na água de véspera, trocando sempre a água, para tirar o sal). Refogue o bacalhau, acrescentando as cebolas. A seguir,

agregue os tomates, as alcaparras e as azeitonas. Depois, junte o vinho. Deixe cozinhar uns minutos e tempere com a pimenta.

Cozinhe a massa em água e sal e com duas colheres de azeite de oliva. Escorra-a, misture com o molho de bacalhau e polvilhe com a mistura da salsa, cebolinha e manjericão.

Cappelletti com peru

(4 pessoas)

500g de carne de peru
1 xícara de caldo de galinha
1 tomate picado
1 cebola picada
2 copos de vinho tinto
3 colheres de sopa de massa de tomate
500g de *cappelletti*
50g de queijo parmesão ralado
2 dentes de alho picados

Em uma frigideira grande, frite a carne de peru cortada em cubos, até dourar. Depois, junte o alho, a cebola, o tomate em pedaços e a massa de tomate e deixe dar uma refogada nestes ingredientes. Em seguida, acrescente o vinho tinto e o caldo de galinha. Quando o molho estiver encorpado, agregue os *cappelletti*. Deixe cozinhar o tempo indicado na embalagem. Na hora de servir, polvilhe com o queijo parmesão.

Cappelletti ou agnolini

(4 pessoas)

Massa:
3 ovos
2 xícaras de farinha de trigo
sal

Recheio:
500g de miúdos de galinha
2 pedaços de galinha refogada
2 colheres de sopa de queijo ralado
2 colheres de sopa de farinha de rosca
pimenta-do-reino e sal
1 colher de chá de noz-moscada ralada
óleo para refogar

Massa:

Misture os ovos, a farinha e o sal.

Amasse bem e deixe descansar alguns minutos. Espiche a massa bem fina e corte-a em quadrados de 3 centímetros.

Recheie com bolinhas da pasta de miúdos e dobre-a, formando os *cappelletti*.

À parte, faça um caldo de galinha e nele cozinhe os *cappelletti*, cuidando para não cozinhar demais.

Depois de cozidos, sirva com queijo parmesão ralado.

Recheio:

Refogue os miúdos e os pedaços de galinha em óleo, até cozinharem bem.

Passe-os pela máquina de moer carne ou no processador.

Junte o queijo ralado e os demais ingredientes do recheio, a fim de que fique uma pasta úmida.

Sugestão:

Serve como entrada para uma refeição ou pode ser considerada como refeição completa quando servida com a carne de galinha cozida e *crem* (preparado de raiz picante com vinagre).

Cappelletti verde e amarelo

(4 pessoas)

200g de *cappelletti* verde
200g de *cappelletti* tradicional
200g de mostarda
200g de nata
queijo parmesão ralado
sal
azeite de oliva

Coloque os *cappelletti* para cozinhar em água com sal e azeite de oliva, seguindo as instruções da embalagem. Depois prepare o molho. Numa frigideira, coloque azeite de oliva, a mostarda e a nata. Misture bem. Coloque um pouco de sal. Acrescente os cappelletti já cozidos e em seguida o queijo ralado. Misture e está pronto!

Espaguete à carbonara

(4 pessoas)

200g de bacon
300g de lingüiça picada e sem pele
3 colheres de sopa de manteiga
5 gemas
5 colheres de sopa de salsa picada
½ kg de massa
100g de queijo ralado

Corte o bacon em pedacinhos e frite-o na manteiga, até que fique dourado. Acrescente a lingüiça também picada. Deixe fritar por 10 a 15 minutos.

Numa travessa funda, bata as gemas, acrescentando nelas a salsa picada, o queijo e o sal. Cozinhe a massa.

Escorra e despeje sobre as gemas com a salsa, o queijo e o sal. Misture bem e por último junte o bacon e a lingüiça bem quentes. Disponha num prato ou travessa, cubra com queijo ralado e sirva imediatamente.

Este prato pode ser acompanhado por salada verde ou mista e um bom vinho tinto seco.

Espaguete à napolitana

(4 pessoas)

500g de espaguete
sal
molho de carne
100g de queijo parmesão ralado

Cozinhe o espaguete em água fervendo e sal. Quando estiver no ponto, escorra e arrume numa travessa, alternando em camadas de massa, queijo ralado e molho, terminando a última camada com o molho e queijo ralado. Sirva quente, podendo ser acompanhado por bife à milanesa, a carne do molho e salada verde ou mista.

Espaguete campeão

(4 pessoas)

1 cebola picada
2 dentes de alho
100g de frutas cristalizadas
50g de bacon picado
500g de espaguete
300g de fígado
1 cálice de vinho tinto
2 colheres de sopa de farinha de trigo
1 xícara de caldo de carne
3 colheres de sopa de azeite de oliva
queijo parmesão ralado
manteiga

Numa frigideira bem quente, coloque o azeite de oliva. Refogue o bacon picado e o fígado (previamente temperado a gosto), até que o fígado fique bem corado. Acrescente a cebola e o alho bem picadinhos, misturando bem. A seguir, o vinho tinto misturado com a farinha de trigo e o caldo de carne. Mexa bem e deixe cozinhar por alguns minutos. Por último, agregue as frutas cristalizadas, mexendo bem. Está pronto o molho. Prepare o espaguete de acordo com as instruções da embalagem. Quando estiver pronto e coado, misture um pouco de manteiga e queijo ralado. Derrame o molho por cima e sirva bem quente.

Espaguete com ervas

(4 pessoas)

500g de espaguete

1 colher de sopa de açafrão em pó

2 colheres de sopa de cada um dos seguintes temperos: orégano, tomilho, alecrim, estragão, sálvia, manjericão, manjerona, louro

1 cebola bem picada previamente escaldada
2 dentes de alho bem picados
1 punhado de tomates secos bem picados
2 pimentas vermelhas bem picadas
1 xícara de azeite de oliva
sal

COZINHE O ESPAGUETE COM ÁGUA, óleo e açafrão para dar cor. Depois de pronto, coloque em uma panela com tampa, previamente escaldada, misturando bem com as ervas e os demais ingredientes. Ferva o azeite de oliva e despeje sobre o espaguete com os demais ingredientes, misturando bem e tapando em seguida para acentuar os sabores por alguns minutos.

Espaguete com molho de tomates

(4 pessoas)

Para a massa:
500g de espaguete
água fervente abundante

Para o molho:
2 colheres de azeite
1 cebola média
2 dentes de alho
800g de tomates italianos em lata
1 colherinha de açúcar
sal e pimenta-do-reino moída na hora a gosto
1 xícara de queijo parmesão ralado na hora

O molho:

AQUEÇA O AZEITE E "FRITE DELICADAMENTE" – aconselham as italianas – a cebola e o alho picadinhos (ou passados no multiprocessador). Uma boa dica é tampar a panela para impedir que escureçam. Acrescente os tomates com seu suco, sal, pimenta-do-reino a gosto e o açúcar, para tirar a acidez, e cozinhe em fogo alto, sem tampa, por mais ou menos 20 minutos, mexendo de vez em quando.

Quando o molho estiver reduzido e espesso, verifique o tempero e, em seguida, passe-o pelo disco médio de um moedor caseiro, segundo a receita clássica. Nos dias que correm, embora seja uma quebra da tradição, é admissível passar o molho no liquidificador ou no multiprocessador.

A massa:

COZINHE O ESPAGUETE SEGUNDO AS instruções do rótulo, tendo o cuidado de não ultrapassar o tempo de cozimento previsto.

Escorra a massa e acrescente metade do queijo parmesão ralado na hora, mexendo bastante, aconselha o clarividente Sílvio Lancelotti. É essencial adicionar o parmesão antes. Em seguida, acrescente o molho. Mexa bem, junte o resto do queijo e sirva.

Depois, é só correr para o abraço.

Espaguete ao conhaque

(4 pessoas)

500g de espaguete
água fervente abundante
sal grosso
50g de manteiga
1 colherinha de farinha branca
1 cebola picada
¼ de maçã picada
1 copo pequeno de conhaque
200g de nata
50g de queijo ralado
100g de presunto picado
sal e pimenta a gosto

DERRETA A MANTEIGA EM UMA panela e coloque a farinha, mexendo sempre. Junte a maçã e a cebola e mexa em fogo baixo. Flambe a cebola com o conhaque. Coloque a nata e o queijo ralado, misture e adicione o sal e a pimenta.

Enquanto isso, em outra panela, coloque o sal grosso com água fervente e o espaguete. Depois de pronto, reserve duas colheres da água em que a massa cozinhou e passe o espaguete na peneira. Coloque-o num prato, cubra aos poucos com o molho e misture. Coloque as tiras de presunto e a água reservada por cima.

Espaguete dinamarquês

(4 pessoas)

500g de espaguete
água fervente abundante
1 cebola picada
1 pimentão médio cortado em tiras
3 tomates cortados em cubinhos
200g de lingüiça calabresa
sal e pimenta a gosto
1 colher de manteiga

Doure a manteiga e junte a lingüiça cortada em rodelas. Depois que estiver douradinha, acrescente a cebola, o pimentão, os tomates e um pouco de água e deixe cozinhar uns minutos. Coloque tudo sobre o espaguete cozido previamente em água abundante e sal.

Espaguete del'orto

(4 pessoas)

500g de espaguete
água fervente abundante
1 colherinha de açafrão
2 xícaras de ervas variadas (orégano, tomilho, alecrim, estragão, sálvia, manjericão, manjerona, louro)
2 dentes de alho esmagados
1 tomate maduro bem picado
pimenta vermelha
azeite de oliva
sal a gosto

Cozinhe o espaguete com água, óleo e açafrão para dar cor.

Depois de pronto, coloque em uma terrina de vidro temperado com os demais ingredientes a gosto.

Despeje sobre tudo o azeite de oliva bem aquecido, tapando em seguida por 2 minutos, para acentuar os sabores. Misture bem e coloque uma pitada de sal.

Fettuccini light com molho de ameixas

(4 pessoas)

500g de fettuccini
1 tomate picado
250g de ameixas pretas sem caroço
1 cebola picada
1 colher de sopa de farinha de trigo
½ copo de leite desnatado
1 colher de sopa de farinha de trigo
2 colheres de sopa de azeite de oliva

O molho é simples e rápido. Refogue o tomate, a cebola e as ameixas numa frigideira com azeite de oliva. Depois bata no liquidificador com a farinha e o leite. A seguir, volte para a frigideira, cozinhando durante alguns minutos e temperando com sal e pimenta. Cozinhe a massa, espalhe o molho por cima e sirva.

Fettuccini com funghi

(4 pessoas)

Para a massa:
500g de fettuccini
água fervente abundante

Para o molho:
2 colheres de nata
1 xícara de molho de tomate
100g de funghi hidratado
1 colher de sopa de manteiga
1 cebola picada ou passada no processador
1 cálice de conhaque

O molho:

Os FUNGHI SECOS (que podem ser comprados no mercado) devem ser hidratados, deixando-se por 15 minutos em água morna. A seguir serão fatiados. Aqueça bem a panela e coloque a manteiga. Deixe derreter bem e coloque a cebola e o funghi. A seguir, flambe com um pouco de conhaque.

Adicione caldo de carne (caseiro, ver receita à p. 12) e molho de tomate. Por último, a nata. Mexa bem e deixe cozinhar durante pouco tempo.

A massa:

COZINHE O FETTUCCINI EM ÁGUA bem quente. Escorra a massa no ponto de ficar al dente e misture com o molho bem quente.

Variação: **Fettuccini al cognac**

O COZINHEIRO E GOURMET Ezio Bonacina preparou, a convite do Anonymus Gourmet, uma receita semelhante a esta que tem uma única alteração nos ingredientes: 1 xícara de presunto cortado em tirinhas substitui o molho de tomate.

Fios de carne com espaguete

(8 pessoas)

500g de espaguete
1kg de lagarto (tatu)
½ litro de cerveja preta
½ xícara de molho de soja
3 copos de suco de laranja
suco de 1 limão
1 cebola média picada
2 tomates bem picados
1 lata de tomates pelados
2 colheres de sopa de massa de tomate
2 colheres de sopa de farinha de trigo
sal e pimenta-do-reino a gosto
1 dente de alho picado bem fininho
2 colheres de sopa de manteiga
3 colheres de sopa de azeite de oliva

A PRIMEIRA PROVIDÊNCIA É TEMPERAR bem um bom pedaço de lagarto (ou "tatu", como se diz no Rio Grande) com limão, pimenta e sal. A seguir, passe essa carne na farinha, como se fosse empaná-la. Numa panela ampla, bem quente, derreta um pouco de manteiga com um fio de azeite de oliva e dê uma boa fritada no tatu já enfarinhado, deixando-o dourado por igual. Acrescente a cebola e o alho, até amaciá-los. A seguir, vá agregando os demais ingredientes: a cerveja preta, o molho de soja, os tomates pelados, os tomates picados, a massa de tomates e o suco de laranja. Deixe ferver e depois baixe o fogo para cozinhar por bem mais de uma hora: o tempo suficiente para amolecer e "desmanchar" o tatu, que é muito fibroso e vai se desfazer em fios de carne. Se você quiser, pode cozinhá-lo numa panela de pressão para apressar o processo. Mas numa panela de ferro bem fechada, com calma, também vai.

Quando estiver bem macio, retire-o da panela e, com um garfo, você pode “ajudar” na separação dos fios, que são as fibras da carne. A carne precisa ficar completamente desfiada, bem separadas as fibras. Se o molho reduzir muito, acrescente um pouquinho de água, pois é essencial ter bastante molho para a etapa final. Coloque a carne já desfiada na panela, acerte o sal e acrescente o espaguete para cozinhar no molho. Os fios de espaguete vão se misturar com os fios de carne, num belo efeito, e o espaguete cozido no molho ficará muito mais saboroso.

Frigideira de raviólis

(8 pessoas)

100g de bacon picado
500g de carne bovina cortada em cubos
500g de massa tipo ravióli
farinha de trigo (cerca de 3 colheres)
1 cebola picada
2 dentes de alho esmagados
1 tomate picado
1 lata de tomates pelados
1 copo de suco de laranja
½ garrafa de vinho tinto
sal e pimenta-do-reino a gosto
manjericão
1 xícara de queijo parmesão ralado na hora
3 colheres de sopa de azeite de oliva

Escolha uma frigideira ampla, com cabo de metal, que possa ir ao forno, que é o procedimento final desta receita. Comece levando a frigideira ao fogo com duas colheres de azeite de oliva.

Quando estiver quente, agregue o bacon e deixe derreter um pouco. Acrescente os cubos de carne levemente enfarinhados.

Vire e mexa bem, para dourá-los. Então, junte a cebola, o alho e o tomate. Misture. A seguir, adicione os tomates pelados, o suco de laranja e um pouco de vinho. Acerte o sal, coloque pimenta. O molho precisa estar bem líquido. Quando abrir a fervura, baixe o fogo e deixe cozinhar um pouco. Em seguida, acrescente os raviólis. Se forem frescos, ficam prontos muito rapidamente. Se forem industrializados, observe o tempo indicado na embalagem. Minutos antes de os raviólis ficarem completamente prontos, polvilhe a superfície com o queijo parmesão e leve a frigideira ao forno pelo tempo necessário para gratinar. A idéia é que vá direto do forno para a mesa, sem escalas. Deve ser servido muito quente. Sirva na própria frigideira, decorando com folhas de manjericão.

Fusilli com lula e molho de nata

(4 pessoas)

Para a massa:
500g de fusilli
água fervente abundante

Para o molho:
1 tablete de manteiga
1 cebola grande picada
2 dentes de alho amassados

500g de lulas
½ litro de leite
1 colherinha de coentro
150g de queijo gorgonzola
200g de nata
100g de queijo parmesão
noz-moscada
1 colherinha de sal e pimenta a gosto

O molho:

NUMA PANELA PREAQUECIDA coloque a manteiga. Refogue a cebola. Acrescente o alho. Depois, junte as lulas cortadas e previamente deixadas no leite por meia hora e escorridas numa peneira, deixando cozinhar por mais ou menos 15 minutos, temperadas com uma pitada de sal e coentro. Finalize retirando o excesso da água e colocando uns cubos de queijo gorgonzola, a nata, noz-moscada, pimenta-do-reino, uma colher de chá de sal.

Cozinhe o fusilli conforme as instruções do fabricante, acrescentando o molho e o queijo parmesão ralado.

Lasanha com cogumelos

(6 pessoas)

1kg de cogumelos de tipos variados picados
4 xícaras de molho de tomate pronto
azeite de oliva
1 pacote de massa para lasanha
sal e pimenta-do-reino a gosto
1 xícara de ricota picada
1 xícara de nata fresca
1 xícara de requeijão cremoso (200g)
1 xícara de queijo parmesão ralado
½ xícara de salsa e cebolinha verde picadas

Frite os cogumelos em azeite de oliva. Tempere com sal e pimenta-do-reino, acrescente o tempero verde picado e reserve. Cozinhe a massa em água e sal com um fio de azeite de oliva. Escorra-a e reserve. Misture o queijo ralado com a salsa e a cebolinha verde picadas. Misture a ricota, a nata e o requeijão. Unte um refratário com azeite. Coloque uma camada de massa de lasanha, uma camada de cogumelos, uma camada de molho de tomate, uma camada da mistura de ricota, nata e requeijão. Por último, uma camada da mistura de queijo ralado. Leve ao forno preaquecido por cerca de 30 minutos. Sirva quente.

Lasanha de cappelletti

(8 pessoas)

½kg de cappelletti

Para a camada de carne:
1kg de carne moída de primeira
100g de bacon
2 cebolas médias picadas
3 tomates picados
2 colheres de sopa de extrato de tomate
sal e pimenta a gosto

Para as outras camadas:
300g de queijo prato fatiado

300g de presunto
500g de requeijão cremoso
queijo parmesão ralado

COZINHE OS *CAPPELLETTI* EM ÁGUA e sal e reserve. Prepare a carne, fazendo um molho suculento: refogue a carne moída, misturando-a com o bacon, tempere com sal (cuidado que o bacon é salgado!) e pimenta, acrescente as cebolas, os tomates e o extrato de tomate. Mexa bem e deixe cozinhar alguns minutos. Quando estiver pronta, faça a montagem das camadas num prato refratário: 1) *cappelletti*; 2) carne com molho; 3) fatias de presunto; 4) requeijão; 5) fatias de queijo prato. Por cima de tudo, polvilhe com queijo parmesão. Dependendo do tamanho do prato refratário, você poderá repetir uma ou mais camadas, mas sempre termine com o queijo. Leve ao forno por aproximadamente 30 minutos. Sirva bem quente, acompanhado de uma salada.

Lasanha de pão árabe

(6 pessoas)

Para o molho à bolonhesa:
500g de carne moída
300g de lingüiça
1 cebola picada
2 tomates picados
1 xícara de caldo de carne
3 colheres de sopa de extrato de tomate
sal
1 pimenta vermelha bem picada

Para o molho branco com queijo:
1 litro de leite
1 cebola média
2 dentes de alho
2 colheres de sopa de requeijão

2 colheres de sopa de manteiga
4 colheres de sopa bem cheias de farinha de trigo
1 colher de chá de sal
1 pitada de pimenta branca
1 pitada de noz-moscada

Para a finalização e montagem:
4 ou 5 pães árabes
250g de queijo (mozarela ou lanche) ralado grosso

CORTE A PELE DA LINGÜIÇA e desmanche-a. Numa frigideira ampla, refogue a carne moída e a lingüiça desmanchada, com a cebola e os tomates picados. Acrescente o extrato de tomate, a pimenta picada e o caldo de carne, deixando cozinhar um pouco. Reserve. Bata todos os ingredientes do molho branco no liquidificador, formando uma mistura homogênea. Depois, despeje numa panela e leve ao fogo baixo, mexendo bastante, até que cozinhe e engrosse. Comece então montagem da lasanha. Numa fôrma, faça uma primeira camada de molho à bolonhesa. Sobre ele, disponha fatias de pão sírio abertas ao meio (se os pães forem de espessura fina, deixe-os inteiros). Depois vá montando camadas de molho branco, molho à bolonhesa novamente, mozarela ralada grossa, fatias de pão árabe novamente, molho branco etc., e assim sucessivamente, dependendo das dimensões da fôrma. Conclua por uma camada de mozarela ralada. Em seguida, leve ao forno por 15 ou 20 minutos para aquecer e gratinar.

Macarrão rápido com tomate e manjericão

Tagliatelle al pomodoro e basilico
(4 pessoas)

500g de massa tagliatelle ou espaguete
2 colheres de sopa de azeite
1 lata de tomates pelados com seu suco
sal e pimenta-do-reino moída na hora a gosto
folhas de manjericão
1 xícara de queijo parmesão ralado na hora (opcional)

NESTE MOLHO, HÁ O OBRIGATÓRIO e o proibido. Obrigatório o uso de manjericão fresco. Proibido lavar as folhas de manjericão, pois elas perdem muito de seu perfume. Apenas limpe-as delicadamente com um guardanapo de cozinha ligeiramente úmido. O manjericão, com o seu perfume e sabor inconfundíveis, substitui nesta receita o alho e a cebola, que não devem ser usados para não dispersar o aroma e o sabor do prato. A execução da receita é muito rápida.

Aqueça o azeite e coloque os tomates com seu suco; com um garfo, esmague-os bem na panela. Cozinhe rapidamente, de 5 a 10 minutos (não mais), para conservar o frescor e a tonalidade do vermelho. Junte o sal e a pimenta-do-reino a gosto e todas as folhas de manjericão. Mexa bem.

Cozinhe a massa em água fervente e já salgada, cuidando para não ultrapassar o tempo de cozimento. Escorra a massa, acrescente o molho, mexa e sirva.

Este molho costuma ser servido sem queijo, mas, se você preferir, acrescente o parmesão ralado à massa e mexa bem antes de acrescentar o molho.

Massa ao molho de queijo com uvas

(4 pessoas)

2 cebolas picadas
200g de nata fresca
150g de queijo gorgonzola
500g de massa do tipo penne
1 cacho de uva dedo-de-dama
1 cacho de uva moscatel
½ copo de requeijão cremoso (125g)
3 dentes de alho
sal e azeite de oliva

Coloque a massa para cozinhar em água com sal e um pouco de azeite. Quando estiver pronta, reserve. Numa frigideira, coloque azeite de oliva e acrescente a cebola e o alho. Deixe fritar um pouco e adicione a nata, o requeijão e o queijo gorgonzola. Depois que o queijo estiver misturado ao molho, acrescente as uvas dedo-de-dama cortadas ao meio e as uvas moscatel. Em seguida, coloque a massa já cozida. Misture um pouco e desligue o fogo. Está pronto! Ao servir, coloque mais um fio de azeite de oliva.

Massa caseira com molho de miúdos

(6 pessoas)

Para a massa:
500g de farinha de trigo
6 ovos

Para o molho de miúdos:
500g de coração de galinha
500g de moelas de galinha
2 xícaras de tomate moído sem pele e sem sementes
1 xícara de cebolas picadas

½ colher de sopa de pimenta-do-reino
1 colher de sopa de sal
1 colher de sopa de purê de tomate
1 colher de sopa de colorau

Para fazer a massa, misture bem a farinha com os ovos, até obter uma massa uniforme. Deixe descansar por 20 minutos. Depois abra a massa com um rolo, deixando-a bem fininha. Polvilhe-a com um pouco de farinha de milho (para não grudar) e enrole-a. Corte-a como se fosse uma couve. Depois, é só abrir os rolinhos resultantes. Cozinhe esta massa, com uma colher de

sopa de sal e um fio de azeite de oliva, em água onde tenha sido fervida uma carcaça de galinha, o que dará um gosto especial a ela. A preparação da massa caseira fica mais difícil em dias de chuva, por causa da umidade. É preciso atenção no cozimento da massa caseira, muito mais rápido do que o da industrializada. Para obter o ponto al dente, tira-se a massa do fogo logo depois de abrir a fervura.

Para fazer o molho de miúdos, corte as moelas, retirando apenas a pele, e não sua gordura. Frite-as com os corações bem picados numa panela com pouco óleo, colocando o sal, a pimenta e a cebola. Cozinhe um pouco e adicione o tomate, o colorau e o purê de tomate, refogando bem. Deixe cozinhar por 30 minutos, ou pelo tempo necessário para amaciar as moelas, e estará pronto para colocar sobre a massa caseira. Se o molho ficar muito reduzido, pode-se aumentá-lo com um pouquinho da água da massa, misturando bem.

Massa com bacalhau

(4 pessoas)

500g de massa
200g de bacalhau
16 azeitonas pretas sem caroço
20g de alcaparras
2 dentes de alho picados
100g de tomates-cereja
4 colheres de sopa de azeite de oliva
pimenta-do-reino a gosto
4 colheres de sopa de vinho branco seco
1 colher de sopa de salsa e cebolinha picadas

Deixe o bacalhau de molho na véspera, trocando sempre a água. Frite o alho no azeite de oliva e acrescente o bacalhau cortado. Deixe fritar por um minuto e acrescente os tomates, as alcaparras e as azeitonas. Espere mais um pouquinho e coloque o vinho. Tempere com a pimenta. Enquanto isso, cozinhe a massa em água e sal e um fio de azeite de oliva. Escorra a massa, misture com o molho de bacalhau e polvilhe com a salsa e a cebolinha.

Massa dos corações

(6 pessoas)

Para a massa:
500g de farinha de trigo
6 ovos

Para o molho de corações:
1kg de corações de galinha bem picados
2 xícaras de tomates picados
2 colheres de sopa de farinha de trigo
1 xícara de vinho tinto
1 xícara de cebola picada
½ colher de sopa de pimenta-do-reino
1 colher de sopa de sal
1 colher de sopa de extrato de tomate

Misture bem os ingredientes da massa, até obter uma mistura uniforme. Deixe descansar 20 minutos. Abra a massa com um rolo, deixando-a bem fininha. Polvilhe com um pouco

de farinha de milho (para não grudar) e enrole-a. Corte-a como se fosse uma couve. Depois, é só abrir os rolinhos resultantes. Cozinhe esta massa, com uma colher de sal e um fio de azeite de oliva, em água onde tenha sido fervida uma carcaça de galinha, o que dará um gosto especial à massa. A preparação da massa caseira fica mais difícil em dias de chuva, por causa da umidade. É preciso atenção no cozimento dela, muito mais rápido do que o da massa industrializada. Para obter o ponto al dente, tira-se a massa do fogo logo depois de abrir a fervura. Frite os corações bem picados numa panela com azeite, colocando o sal, a farinha de trigo, a pimenta e a cebola, mexendo bem. Cozinhe um pouco e adicione o tomate e o extrato de tomate, sempre mexendo bem. Acrescente água e deixe ferver por 30 minutos e estará pronto o molho para colocar sobre a massa caseira.

Massa light primavera Birra & Pasta

(4 pessoas)

500g de espaguete
½ abobrinha picada
1 berinjela picada
1 tomate picado
1 cebola média picada
orégano e tempero verde
azeite de oliva

Numa panela previamente aquecida, coloque azeite de oliva suficiente para cobrir o fundo. Inicie refogando a abobrinha e a berinjela. Depois, junte a cebola picada. Por último, acrescente o tomate, o orégano e o tempero verde. Agregue a massa previamente cozida e misture bem.

Massa no disco

(4 pessoas)

500g de massa
1 copo de requeijão cremoso (250g)
500g de carne cortada em cubos
250g de lingüiça em rodelas
300g de frango picado
1 cebola picada
3 dentes de alho picados
1 pimentão picado
1 tomate
½ garrafa de vinho branco

1 xícara de caldo de carne
1 colher de sopa de farinha de trigo
3 colheres de sopa de massa de tomate
100g de queijo parmesão ralado
3 colheres de azeite de oliva

Coloque o azeite de oliva numa frigideira ampla ou num disco. Acrescente a lingüiça, a carne e o frango. Misture bem. Coloque a cebola, o alho, o pimentão e o tomate picados. Em seguida a massa de tomate, o vinho, a farinha diluída em água e o caldo de carne. Misture bem e deixe refogar um pouco. Cozinhe a massa separadamente. Depois junte-a ao molho. Cubra com o requeijão e o queijo ralado. Está pronto!

Minestrone

(4 pessoas)

500g de feijão de cor ou branco
2 cenouras
1 fatia de abóbora
2 batatas-inglesas
algumas folhas de repolho
1 cebola picada
óleo para refogar
sal
200g de talharim ou espaguete tipo cabelo de anjo
queijo parmesão ralado

DEIXE O FEIJÃO DE MOLHO NA véspera e, no dia seguinte, cozinhe-o em água e sal, juntando os vegetais picados. Deixe ferver até que o feijão e os vegetais fiquem bem cozidos. Passe num liquidificador e, após, numa peneira.

À parte, refogue a cebola picada numa frigideira e acrescente ao caldo.

Ferva por mais um tempo (1 hora mais ou menos). Quinze minutos antes de servir, acrescente a massa. Sirva com queijo parmesão ralado. É uma sopa forte e gostosa, própria para ser servida em noites frias de inverno. Vale por uma refeição!

Nhoquezinhos ao molho de abóbora

(4 pessoas)

Para a massa:
200g de ricota fresca
1 molho de espinafre cru
100g de queijo parmesão ralado

Para o molho:
1 abóbora de pescoço
1 xícara de vinho do porto
200g de creme de leite
100g de queijo parmesão
1 punhado de sementes de erva-doce

A massa:

ESTES NHOQUEZINHOS SÃO diferentes dos comuns. Faça croquetezinhos misturando a ricota, o espinafre bem picado e o queijo parmesão ralado para dar liga, sempre tendo o cuidado de ter farinha de trigo o bastante na mão para não grudarem.

Cozinhe em água fervendo. Coloque-os na panela e, quando subirem, retire com uma escumadeira.

O molho:

Para fazer o molho, cozinhe em água e sal a abóbora em pedaços e faça um purê, misturando vinho do porto, creme de leite, um pouco de parmesão e sementinhas de erva-doce. A textura do molho é de um creme; com o vinho do porto se acerta o ponto exato, deixando-o mais líquido. Pode-se usar, em vez das sementes de erva-doce, sementes de papoula ou gergelim. A idéia é dar um colorido.

Sirva os nhoques em uma travessa com o molho por cima.

Nhoque de abóbora ao gorgonzola

(4 pessoas)

Para a massa:

3 xícaras de batatas cozidas e espremidas
1 xícara de abóbora cozida e espremida
2 xícaras de farinha de trigo
1 colherinha de sal
1 pitada de noz-moscada

Para o molho:

50g de margarina
2 colheres de sopa de farinha de trigo
1 ½ xícara de leite
50g de queijo gorgonzola
1 xícara de creme de leite fresco
1 pitada de noz-moscada
1 pitada de pimenta-do-reino
sal a gosto

A massa:

Misture bem todos os ingredientes da massa. Enrole-a como um cordão grosso e corte-a em pedaços, formando os nhoques. Cozinhe-os em uma panela com água fervente e sal. Quando subirem, escorra e coloque-os em um refratário.

O molho:

DOURE A FARINHA NA MARGARINA. Adicione o leite aos poucos e mexendo sempre. Deixe ferver, junte o queijo, o sal, a noz-moscada, a pimenta-do-reino e, por último, o creme de leite.

Cubra os nhoques com o molho e leve ao forno para gratinar.

Nhoque de batatas

(6 pessoas)

1½ kg de batatas-inglesas, cozidas e amassadas
3 gemas
farinha de trigo (até dar o ponto)
queijo ralado
1 colher de chá de manteiga
molho de carne (receita na página 12)

Junte todos os ingredientes às batatas amassadas, sendo que a farinha deverá ser adicionada aos poucos, até que a massa fique numa consistência de enrolar. Não coloque farinha demais para que os nhoques não fiquem duros. Faça rolinhos com a massa (ou use a nhoqueira). Corte em pedaços de mais ou menos 1 centímetro de comprimento. Cozinhe em água fervente, com sal.

Quando os nhoques estiverem sobrenadando na água, retire-os com uma escumadeira, arrumando-os numa travessa. Cubra com queijo ralado e molho de carne.

Sirva com a carne do molho, ou outro tipo de carne que preferir, e uma boa salada de legumes ou verduras.

Parafusos gratinados

(4 pessoas)

500g de massa tipo parafuso
água fervente abundante
1 xícara de creme de leite
½ xícara de requeijão
3 cenouras grandes cozidas
1 colher de sopa de salsa picada
sal a gosto

Liquidifique a cenoura com o creme de leite e o requeijão, junte a salsa e cubra a massa, já cozida em água e sal e escorrida. Leve ao forno quente por cerca de 10 minutos para gratinar.

Pizza caseira

(média – 6 fatias)

Para a massa:
3 copos de farinha de trigo
2 colheres de sopa de óleo

3 ovos
1 pitada de sal
1 pacote de fermento biológico seco (10g)
leite morno (o que precisar, + ou - ½ copo)

Para o molho:
2 latas de sardinhas c/óleo esmagadas
3 tomates bem maduros picados
1 cebola picada
2 colheres de sopa de extrato de tomate
orégano a gosto

PARA FAZER A MASSA, MISTURE A FARINHA, o óleo, os ovos e o sal com o leite morno, observando a massa, que não pode ficar nem muito mole nem muito dura. Por último, misture o fermento. Unte a fôrma e nela coloque a massa, deixando-a descansar por 30 minutos. Enquanto isso, refogue as sardinhas esmagadas, acrescente os tomates, o extrato de tomate e a cebola. Misture bem e deixe cozinhar levemente, só até ficar homogêneo o molho. Agora a massa cresceu na fôrma, por causa do fermento. Leve a fôrma só com a massa ao forno e, quando a parte de cima estiver durinha, ou seja, pré-cozida, retire a fôrma do forno e cubra a massa com o molho. Leve novamente ao forno para terminar de assar.

Pizza de batata

(6 pessoas)

6 batatas grandes
1 tablete de caldo de carne
250g de presunto fatiado
250g de mozarela fatiada
azeite e orégano a gosto

Cozinhe as batatas descascadas e fatiadas em rodelas com o caldo de carne. Em um refratário para pizza, acomode as batatas até cobrir todo o fundo, tempere com azeite e orégano. Sobre as batatas coloque o presunto, depois a mozarela. Regue com azeite e orégano a gosto e leve ao forno até que o queijo derreta.

Pizza instantânea

(6 pessoas)

Para a massa:
3 ovos
1½ xícara de leite
2 xícaras de farinha de trigo
1 colher de fermento
sal a gosto

Para a cobertura:
purê de tomate
1 lata de sardinhas (sem as espinhas) ou fatias de queijo e presunto picadas
1 dente de alho amassado

Passe todos os ingredientes da massa no liquidificador. Espalhe-a em uma forma redonda. Cubra-a com o purê de tomates, a sardinha, ou o presunto e o queijo picados, e salpique com o alho amassado. Leve ao forno preaquecido por 30 minutos. Sugestão: ao servir a pizza, salpique-a com maionese.

Polenta ao forno com sobras de churrasco

(6 pessoas)

Para o recheio:
1½kg de sobras de churrasco
1 cebola média picada

3 dentes de alho picados
2 tomates graúdos picados
3 colheres de sopa de massa de tomate
3 colheres de sopa de azeite de oliva

Para a polenta:
500g de farinha de milho média ou grossa
2 litros de água
1 colher de sopa de sal
3 colheres de sopa de queijo parmesão

CORTE EM CUBOS NÃO MUITO PEQUENOS as sobras do churrasco. Use o que tiver: carne bovina, ovina e de porco, salsichão e/ou lingüiça, corações de galinha etc. Numa panela de ferro bem quente, coloque o azeite de oliva e refogue rapidamente o alho e a cebola, sem deixar queimar. A seguir, coloque as carnes misturadas e mexa bem. Agregue os tomates, a massa de tomate e mexa bem. Tampe a panela e deixe cozinhar por apenas uns minutos. Reserve.

Despeje a farinha de milho numa panela com água ainda fria, mexendo continuamente com uma colher de pau. Leve ao fogo, mexendo sempre. Depois que abrir fervura, baixe o fogo e mexa até a polenta desgrudar do fundo, cozinhando bem a farinha. Também pode ser usada, com bom resultado, a polenta em pó pré-pronta. Nesse caso, siga as instruções da embalagem. Num ou noutro caso, deixe o ponto bem cremoso.

Num refratário, espalhe uma camada de polenta no fundo. Por cima, espalhe o recheio. A seguir, mais uma camada de polenta. Cubra com uma quantidade generosa de queijo parmesão ralado e leve ao forno para gratinar.

Polenta do Harry's Bar de Veneza

(6 pessoas)

500g de farinha de milho média ou grossa
2 litros de água
1 colher de sopa de sal
½ xícara de queijo parmesão ralado
2 colheres de sopa de manteiga

Um dos pratos de mais prestígio, como acompanhamento ou mesmo como prato único, no *Harry's Bar* de Veneza. Arrigo Cipriani, dono e filho do fundador do restaurante, no seu livro *The Harry's Bar Cookbook*, assim se refere à polenta: "*That wonderful peasant dish of cornmeal mush**".

Ferva a água numa panela, misturando bem o sal. Despeje a farinha de milho aos poucos, mexendo continuamente com uma colher de pau. Depois de misturar toda a farinha, levante o fogo até abrir fervura novamente. Baixe o fogo e mexa a polenta até desgrudar do fundo, cozinhando bem a farinha. O ponto da polenta, mais líquido ou de um cremoso mais denso, pode ser regulado com mais, ou menos, água.

* Um prato rústico maravilhoso feito de farinha de milho. (N. do E.)

Antes de retirar a polenta do fogo, acrescente duas colheres de manteiga e ½ xícara de queijo ralado, sempre mexendo bastante com a colher de pau.

A polenta pode ser um prato único, servindo-se cremosa com um molho bem temperado de guisado, miúdos ou galinha desfiada por cima.

Polenta mole com molho

(6 pessoas)

Para a polenta:

500g de farinha de milho média ou grossa
2 litros de água
1 colher de sopa de sal

Para o molho:

300g de lingüiças de tipos diversos
1 cebola grande picada
1 lata de tomates pelados ao molho
300g de queijo ralado
suco de ½ limão
½ cálice de vinho tinto

O molho:

Tire a pele das lingüiças e frite-as com óleo, acrescentando a cebola, o tomate pelado com molho, o vinho tinto e o suco de limão. Deixe o molho a cozinhar.

A polenta:

Em água morna, coloque um pouco de óleo, acrescente a farinha (que foi calculada na proporção de uma medida para duas de água) e cozinhe, deixando-a mole.

Coloque a polenta em uma fôrma de vidro, em seguida cubra-a com o molho e o queijo ralado.

Rigatoni com rúcula

(4 pessoas)

500g de rigatoni
água fervente abundante
4 tomates maduros

½ maço de rúcula
1 xícara de mozarela cortada em tiras
2 abobrinhas pequenas
1 pitada de orégano
1 maço de manjericão
óleo de oliva, sal e pimenta-do-reino a gosto

LAVE BEM OS TOMATES. Fure-os com o garfo e mergulhe-os por uns dois minutos em água fervente. Descasque-os, retire as sementes e corte-os em tiras. Pique a rúcula bem lavada e seca. Lave e seque a abobrinha e corte-a em tiras finas. Em uma vasilha, coloque a mozarela, os tomates, a abobrinha, a rúcula, o orégano e as folhas de manjericão picadas. Tempere tudo com algumas colheres de sopa de óleo de oliva, além de sal e pimenta-do-reino a gosto. Misture bem e deixe descansar por umas duas horas ("para pegar o gosto"). Cozinhe o macarrão em bastante água fervente, ligeiramente salgada, até que esteja al dente. Esfrie em água corrente e escorra bem. Coloque o molho sobre a massa e sirva.

Salada de macarrão light

(4 pessoas)

500g de macarrão (parafuso)
300g de vagem
3 tomates grandes cortados em filetes

2 cebolas em fatias (ficando em argolas)
1 lata de atum em água e sal
1 copo de alcaparras
1 xícara de maionese light
1 xícara de iogurte natural desnatado
azeite de oliva
vinagre
sal e pimenta a gosto

Ferva a vagem e o macarrão separadamente. Escalde as cebolas. Escorra o atum e as alcaparras. Misture bem a maionese, o iogurte, o vinagre e o azeite de oliva, formando um creme homogêneo. Tempere com sal (cuidado que as alcaparras são salgadas) e pimenta. Misture todos os ingredientes numa saladeira. Sirva gelada.

Tagliatelli com tomate e manjericão

(4 pessoas)

500g de tagliatelli
água fervente abundante
2 colheres de sopa de azeite
800g de tomates italianos em lata
sal e pimenta-do-reino moída a gosto
8 folhas de manjericão fresco
1 xícara de queijo parmesão ralado na hora (opcional)

Neste molho, há o *obrigatório* e o *proibido*. Obrigatório o uso de manjericão fresco. Proibido lavar as folhas de manjericão, pois elas perdem muito de seu perfume. Apenas limpe as folhas de manjericão delicadamente com um guardanapo de cozinha ligeiramente úmido.

O manjericão, com o seu perfume e sabor inconfundíveis, substitui nesta receita o alho e a cebola, que não devem ser usados para não dispersarem o aroma e o sabor do prato.

A execução da receita é muito rápida. Aqueça o azeite e coloque os tomates com seu suco; com um garfo, esmague-os bem na panela. Cozinhe rapidamente, de 5 a 10 minutos (não mais), para conservar o frescor e a tonalidade do vermelho. Junte o sal e a pimenta-do-reino a gosto e todas as folhas de manjericão. Mexa bem. Enquanto isso, cozinhe a massa em água fervente e já salgada, cuidando para não ultrapassar o tempo de cozimento. Escorra e acrescente o molho, mexa e sirva.

Este molho costuma ser servido sem queijo, mas, se você preferir, acrescente o parmesão ralado à massa e mexa bem antes de acrescentar o molho.

Talharim ao pesto

(4 pessoas)

Para a massa:
500g de talharim fino
água fervente abundante

Para o pesto:
1 xícara de folhas de manjericão fresco picadinhas
1 xícara de salsa picadinha
1 xícara de azeite
1 colher de sopa de orégano
1 xícara de nozes moídas (ou pinhão)
4 dentes de alho bem amassados
1 xícara de queijo parmesão ralado

O pesto:

Misture bem os ingredientes num pilão de madeira, triturando as nozes. Pode-se utilizar o multiprocessador. Quando obtiver uma pasta, deixe descansar uns 30 minutos para pegar gosto.

A massa:

Cozinhe o talharim al dente numa panela com água abundante, sal e um fio de azeite. Quando estiver pronta, escorra. Misture a massa com o pesto, servindo imediatamente.

Jeff Smith, o "Frugal Gourmet", apresentou na TV uma receita de pesto semelhante a esta, utilizando pinhão no lugar das nozes. Nessa variante do "Frugal Gourmet", os pinhões devem ser torrados no forno ou numa panela com um pouco de manteiga. Deixe esfriar, triture-os e use-os no lugar das nozes.

Talharim caseiro com miúdos na pimenta

(4 pessoas)

Para a massa:
500g de farinha de trigo
6 ovos
1 colher de sopa de sal

Para o molho:
500g de corações de galinha
500g de moelas de galinha
250g de fígados de ave
2 xícaras de tomate moído, sem pele e sem sementes

1 xícara de cebola picada
1 dente de alho bem picado
1 xícara de vinho tinto
1 colher de pimenta-do-reino moída na hora
10 gotas de molho de pimenta forte (tabasco)
1 colher de pimenta em grão (rosé ou do reino)
1 colher de sopa de sal
1 colher de sopa de purê de tomate
2 colheres de sopa de molho de soja

A massa:

Misture bem a farinha com o sal e os ovos, até obter uma massa uniforme. Deixe descansar 20 minutos.

Abra a massa com um rolo, dando-lhe a espessura de uma lâmina bem fininha. Ponha para secar por meia hora.

Polvilhe-a com um pouco de farinha de milho (para não grudar) e enrole-a. Corte-a como se fosse uma couve. Depois, é só abrir os rolinhos resultantes.

Cozinhe esta massa, com uma colher de sal e um fio de azeite de oliva, em água abundante onde tenha sido fervida uma carcaça de galinha, o que dará um gosto especial ao talharim. A proporção deve ser de aproximadamente 4 litros de água para 500g de talharim. O tempo de cozimento é de cerca de 5 minutos, mas é preciso controlar o ponto para não cozinhar demais. Deve ficar al dente.

O molho de miúdos:

Corte a moela, retirando apenas a pele, e não sua gordura. Os miúdos, depois de limpos, devem ser temperados com o tabasco, descansando por uns 20 minutos. Frite os miúdos bem picados numa panela com pouco óleo, colocando os grãos de pimenta, o sal, a pimenta moída, o alho e a cebola. Frite um pouco, mexendo bem, e adicione o tomate, o vinho, o molho de soja e o purê de tomate, refogando bem. Cozinhe durante 40 minutos, deixe reduzir e estará pronto para colocar sobre a massa.

Timballi di maccheroni

(4 pessoas)

Para o recheio:

500g de massa tipo conchas (ou raviόli, ou fusilli, ou qualquer outro tipo de macarrão curto)

água fervente abundante
1 limão
250g de fígado de galinha
1 peito de frango (cerca de 300g)
150g de presunto
1 xícara de queijo tipo suíço ralado
2 colheres de sopa cheias de parmesão ralado
2 colheres de sopa de farinha de rosca
2 cebolas médias
1 colher de óleo
2 colheres de sopa de manteiga
2 colheres de sopa de farinha de trigo
2 copos de leite
1 dose de conhaque
1 litro de caldo de galinha
1 cenoura
2 colheres de sopa de açúcar
1 colher de sopa de canela
sal e pimenta a gosto

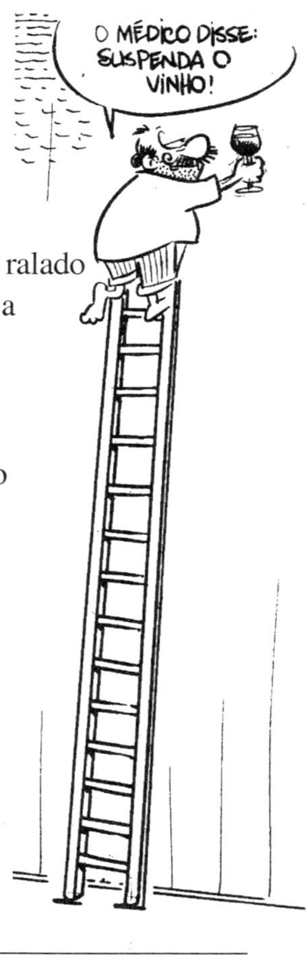

Para a massa do empadão:

2 xícaras de farinha de trigo
1 colher de sopa bem cheia de banha

½ xícara de água morna
1 colher de sopa de sal
1 colher de sopa de cachaça

O recheio:

Em 1 litro de caldo de galinha, cozinhe o peito de frango, o aipo, a cenoura aos pedaços e 1 cebola picada. Quando estiver macio, limpe o frango, retirando a pele, as cartilagens e os ossos. Coe o caldo e reserve.

Pique bem o frango e o presunto. Limpe os fígados, lave, pique, escorra e tempere com suco de limão, sal e pimenta. Doure 1 cebola previamente passada no multiprocessador ou bem picadinha em 1 colher de sopa de manteiga e refogue os fígados escorridos. Quando começarem a frigir, regue com o conhaque e flambe. Espere secar e misture com o peito de frango e o presunto. Refogue e reserve.

Faça um roux branco com 1 colher de sopa de manteiga e a farinha de trigo, molhe com o leite e engrosse em fogo brando. Misture 2 copos de caldo de galinha com o queijo tipo suíço ralado, formando um creme consistente.

Cozinhe levemente os raviólis, ou fusilli ou massa em forma de conchas, antes do ponto al dente, em água com sal e um fio de óleo. É essencial cozinhar pouco, porque esta massa, misturada com o molho e o creme, voltará ao forno recheando o empadão. Reserve.

A massa do empadão:

Derreta a banha com a água, o sal e a cachaça. Misture bem e deixe esfriar um pouco, até ficar morno. Faça um montinho com a farinha de trigo, abrindo uma "cratera" no centro, onde deve ser despejada a banha derretida com os demais ingredientes. Misture bem, obtendo uma massa uniforme. Deixe descansar e depois abra a massa, deixando-a bem fininha.

Preparação final:

BESUNTE UMA TRAVESSA grande com um pouco de manteiga e forre com a massa do empadão, reservando uma parte para fazer uma "tampa". Recheie alternando camadas de conchas, ou raviólis, ou fusilli, camadas do refogado de frango e presunto e mais creme e parmesão ralado. Repita a operação quantas vezes forem necessárias, terminando com creme. Polvilhe com o parmesão, açúcar e canela, tampe o empadão, deixando um pequeno furo para que evapore o excesso do molho, pincele com uma gema de ovo e leve ao forno quente por cerca de 30 minutos. É importante pincelar a superfície do empadão para obter o efeito descrito por Tomasi di Lampedusa no *Leopardo*: "...o ouro brunido do invólucro..."

Torta de batata com recheio de frango

(6 pessoas)

Para o recheio:
500g de peito de frango cortado em cubos
1 lata de tomates pelados
2 tomates picados
2 cebolas
100g de bacon picado
1 copo de vinho tinto
1 colher de sopa de farinha de trigo
sal

Para a massa:
500g de batatas bem cozidas
½ copo de leite
2 colheres de sopa de farinha de trigo
2 gemas
3 colheres de sopa de queijo parmesão ralado
1 pitada de sal

Comece fazendo o recheio. Frite o bacon com o frango, os tomates picados, as cebolas e os tomates pelados. Cozinhe. Desmanche a farinha no vinho, misture ao molho e cozinhe mais um pouco, corrigindo o sal com cuidado, pois o bacon já é salgado. Reserve.

Esmague as batatas e adicione as gemas, o leite, o queijo ralado e a farinha, misturando bem para dar consistência e tornar a massa homogênea. Forre o fundo de uma fôrma refratária. Espalhe o recheio por cima e cubra com o restante da massa de batatas. Espalhe queijo ralado por cima e gratine.

Torta de mozarela

Para a massa:

1 1/3 xícara de maisena peneirada

1 xícara de farinha de trigo peneirada

½ xícara (100g) de manteiga

1 colher de sopa de margarina

1 ovo + 1 gema

Para o recheio:

400g de mozarela picada

1 colher de sopa de margarina

1 pacote de creme de leite

1 colher de sopa de maisena

2 xícaras de leite

100g de queijo parmesão ralado (metade para o recheio, metade para colocar por cima para gratinar)

4 ovos inteiros

sal (cuidado, porque todos os ingredientes levam sal!)

MISTURE BEM TODOS OS INGREDIENTES da massa, fazendo uma bola, e deixe descansar uns 15 minutos. Depois, abra a massa com os dedos numa travessa refratária, forrando o fundo e os lados e formando uma espécie de "leito" para o recheio.

Para o recheio, desmanche a maisena em 2 xícaras de leite e junte as gemas. Coloque em uma panela com a margarina derretida, mexendo até engrossar. Tire do fogo e junte a mozarela picada, o queijo parmesão, sal a gosto, as claras batidas em neve e o creme de leite.

Coloque o recheio na travessa, sobre a massa. Polvilhe com a metade restante do queijo ralado e leve ao forno por 25 minutos. Sirva bem quente.

Marta Ferrari Agustoni, que trouxe a receita ao Anonymus Gourmet, sugere variações no recheio. Em vez dos 400g de mozarela, use, por exemplo, 200g de gorgonzola ou roquefort e 200g de mozarela, que Marta garante o resultado. Também testamos, com ótimo resultado, duas variantes: o acréscimo ao recheio de 100g de bacon, bem picado e previamente refogado com cebola; e, também, em vez do bacon, 150g de cogumelos frescos refogados previamente.

É UM PRATO ÚNICO EXCELENTE numa refeição prática, acompanhado por uma boa salada. Também pode ser uma entrada de classe, num jantar que inclua um prato principal com uma carne.

Tortéis da Dona Zoé

(6 pessoas)

Massa:
4 xícaras de farinha de trigo
4 ovos
1 pitada de sal
1 colher de sopa de cachaça
1 colher de sopa de azeite

Recheio:
1 abóbora média
1 xícara de farinha de rosca
1 xícara de queijo ralado
1 pitada de noz-moscada
1 pitada de pimenta-do-reino
1 colher de sopa de canela em pó
1 colher de chá de mel
2 gemas

Massa:

JUNTE TODOS OS INGREDIENTES, amasse bem até formar uma massa que dê para espichar.

Deixe descansar por alguns minutos.

Espiche e corte em retângulos. Recheie com a pasta da abóbora (ver receita abaixo).

Feche os pastéis e cozinhe em água e sal.

Escorra e coloque numa travessa.

Sirva com molho de carne e queijo parmesão ralado (ou manteiga derretida e canela em pó).

Recheio:

COZINHE A ABÓBORA com casca e sem sementes, cortada em fatias.

Descasque-a e amasse-a com um garfo. Junte a essa pasta os demais ingredientes do recheio, misturando bem.

Sugestão:

NÃO DEIXE COZINHAR demais a massa, tendo o cuidado de não furar os pasteizinhos. Este prato pode ser servido com salada de radicci, bifes de lombinho à milanesa e a carne (tatu) do molho, cortada em fatias. Exige também, para acompanhar, um vinho tinto seco de boa qualidade.

Todos os molhos à disposição

O mercado dos sentidos é misterioso, mas é menos volátil do que o dólar. Há certas correspondências bem definidas. Uma imagem vale mil palavras. Mais vale um gosto do que três vinténs. Na verdade, um gosto vale muito mais do que três ou três mil vinténs. Creio que não trocaria um gosto por mil palavras. Nem mesmo por mil imagens.

Não há sensação mais permanente do que o gosto. Os bifinhos que a vó Aída fazia. O peixe que comi no porto de Brindisi com o pai. O spaghetti daquela trattoria da Via Margutta, rica massa de uma casa pobre, a serragem espalhada pelo chão, não havia toalhas nas mesas, mas, ainda que viva mil anos, não encontrarei outro molho de tomate igual. A madeleine de Proust, o gosto do biscoito delicado acompanhando o chá, não é literatura. Simenon tinha saudades dos gostos e aromas da infância e fez o seu insuperável Comissário Maigret voltar à casa paterna, movido muito mais pela busca do cheiro do café recém-passado e das torradas do tempo de garoto do que pelo desejo de resolver um crime.

Lembro de um condenado à morte famoso, Caryl Chessman, o "bandido da luz vermelha", que conseguiu adiar por anos seu encontro com a câmara de gás. Éramos meninos e nos emocionava a obstinação daquele residente do corredor da morte, protestando inocência. Um dia, os recursos e pedidos de clemência esgotaram-se e o fim tornou-se inadiável. Teve direito a uma última refeição, para o nosso espanto: comer antes de morrer? E regalou-se com um frango, imagine! Podia pedir o que quisesse, era uma concessão final, para amainar a impiedade da execução.

Mas, Chessman escolheu frango: era o que ele comia com seu pai, nos domingos da adolescência. Enquanto mastigava, decerto fechou os olhos, recuperando a lembrança de manhãs ensolaradas. O gosto de frango libertava-o por instantes do corredor da morte.

Nos chamados "anos de chumbo", quando nosso pai, depois de várias prisões, resolveu dar um tempo e levou a família para viver em segurança em Roma, tínhamos as melhores massas e molhos à disposição, mas que saudade do churrasco! Um dia, a mãe conseguiu feijão e charque, e não esquecerei nunca o sabor renascido. Comemos em silêncio, como se estivéssemos recuperando a identidade e a memória.

J.A.P.M.

Carnes

Alcatra ao molho de tomate acebolado

(4 pessoas)

2 colheres de sopa de manteiga
500g de alcatra em bifes
1 cebola média picada
6 tomates picados
1 xícara de caldo de carne
1 colher de chá de molho inglês
½ lata de creme de leite

AQUEÇA A MANTEIGA OU ÓLEO e frite os bifes, dourando-os, bem em fogo forte. Retire-os da frigideira e mantenha-os aquecidos. Refogue a cebola e o tomate na gordura que ficou na frigideira, com o caldo dos bifes. Em fogo baixo, cozinhe até o tomate desmanchar. Junte o caldo de carne e o molho inglês e mexa. Retire do fogo, acrescente o creme de leite e misture bem. Despeje esse molho sobre os filés e sirva.

Almôndegas caxienses

500g de carne moída
1 xícara de miolo de pão
½ xícara de leite
2 colheres de sopa de cebola ralada
sal, pimenta-do-reino
farinha de trigo
tempero verde
óleo para fritar
molho de tomates

JUNTE À CARNE MOÍDA O PÃO embebido no leite, a cebola ralada, o sal, a pimenta e o tempero verde e misture bem.

Faça as almôndegas, achatando-as com as mãos, passe-as na farinha de trigo e doure-as em óleo bem quente. Enquanto o molho de tomates estiver fervendo, juntar as almôndegas e deixe cozinhar mais um pouco.

Sugestão:

Sirva quente, com arroz branco, suflê de espinafre ou bolo de chuchu e uma salada verde.

Bife a rolê

(6 pessoas)

6 bifes de patinho
6 tiras de bacon
1 cebola picada
3 colheres de sopa de extrato de tomate
sal e pimenta-do-reino

Tempere os bifes e coloque uma tira de bacon sobre cada um, enrole e prenda com um palito. Em uma panela com óleo bem quente, frite os bifes, todos juntos, virando de vez em quando. Frite em seguida a cebola. Acrescente o purê de tomate, o sal e a pimenta. Coloque água e deixe cozinhar por 30 minutos. Abra a panela, veja se o molho está denso e a carne macia. Ferva mais um pouco com a panela aberta. Sirva com arroz e legumes.

Bifes à romana

(6 pessoas)

1kg de bifes
100g de presunto cru (tipo parma)
50g de manteiga
sal e pimenta a gosto
100g de farinha de trigo
2 xícaras de vinho branco seco
folhas de manjericão

Coloque folhas de manjericão sobre cada um dos bifes, cubra cada um com uma fatia de presunto cru, prendendo-os com um palito. Passe esses bifes na farinha de trigo. Numa frigideira bem quente, derreta a manteiga e frite-os bem. Tempere com sal e pimenta a gosto. Derrame o vinho aos poucos e deixe no fogo, mexendo sempre e soltando aquelas casquinhas que ficam grudadas no fundo, até que o molho comece a engrossar. Sirva com purê de batatas ou ervilhas na manteiga.

Filé à parmigiana

(6 pessoas)

Para a carne:
1kg de filé
100g de farinha de trigo
3 ovos batidos
100g de farinha de rosca
12 fatias de mozarela

Para o molho de carne:
1 paleta
2 ossobucos com tutano
1 cebola
2 cenouras
alho e cominho
2 folhas de louro

Para o molho de tomates:
6kg de tomates
900g de cenouras picadas
1kg de cebolas
1 molho de salsinha
100g de sálvia
100g de manjericão

O molho de carne:

Frite as carnes previamente com alho e cebola. Acrescente os demais temperos, cubra com água e deixe ferver por 5 horas. Coe em uma peneira e reserve.

O molho de tomates:

Frite a cebola, a cenoura e o tomate. Acrescente água e cozinhe por 15 minutos em fogo forte. Então baixe o fogo e deixe cozinhar por mais 4 a 5 horas. Acrescente água, a salsinha, a sálvia e o manjericão, algumas pitadas de açúcar para tirar a acidez e sal a gosto.

Durante o cozimento do molho de tomate, acrescente o molho de carne aos poucos – 2 a 3 xícaras.

Quando estiver com uma boa consistência, passe por uma peneira e reserve.

A carne:

Corte os bifes, bata-os bem, passe-os na farinha de trigo, no ovo batido e, por fim, na farinha de rosca. Frite em banha bem quente.

Depois de prontos, coloque-os em uma fôrma, cobrindo-os com fatias de mozarela cortadas mais grossas.

Leve ao forno bem aquecido por 3 a 4 minutos.

Após derreter a mozarela, cubra tudo com o molho de tomates. Polvilhe com queijo parmesão italiano.

Costela com molho de laranja

(8 pessoas)

2kg de costela magra com bastante carne
2 cebolas em pedaços
2 tomates em pedaços
2 cenouras em pedaços
½ garrafa de vinho branco
1 litro de suco de laranja
farinha de trigo
sal e pimenta-do-reino a gosto

Tempere a costela com sal e pimenta, depois passe a farinha de trigo, espalhando bem por todos os lados. Coloque óleo numa panela quente e frite-a, cortada nos "nódulos" dos ossos. Enquanto isso, bata no liquidificador as cebolas, as cenouras e os tomates com o suco de laranja e o vinho branco. Depois leve-os à panela onde estão refogando os pedaços de costela. Misture bem. Quando abrir a fervura, baixe o fogo e deixe cozinhar por umas duas horas, até a costela ficar macia e o molho ficar bem homogêneo. Opcionalmente, acrescente no final aipim já pré-cozido. Sirva com arroz branco.

Croquete de carne

500g de carne de gado cozida com temperos
1 xícara de miolo de pão
1 xícara de leite
2 gemas
2 ovos
sal
pimenta-do-reino
farinha de rosca
gordura para fritar

Corte a carne e moa na máquina ou no processador e acrescentando o miolo de pão embebido no leite, as gemas, o sal e a pimenta-do-reino, leve ao fogo mexendo até unir bem. Deixe esfriar um pouco e amolde a massa em forma de croquetes.

Passe na farinha de rosca, nos ovos batidos e, novamente, na farinha de rosca.

Frite em gordura quente.

Sugestão:

Sirva com uma salada mista e arroz com aspargos (receita na p. 28).

Escalopes à Perugina

(6 pessoas)

1kg de escalopes de filé
50g de manteiga
2 dentes de alho esmagados
½ xícara de tirinhas de presunto cru
1 xícara de vinho tinto bem seco
1 xícara de molho de tomate
1 xícara de caldo de carne
1 xícara de patê de foie gras
½ xícara de cogumelos desidratados
½ xícara de alcaparras
½ xícara de azeitonas pretas

É um prato de mais de três séculos.

Inicie preparando o molho. O alho não pode ser dourado, diz Lancellotti. É só amaciá-lo e, em seguida, agregar o presunto. Quando o presunto mudar de cor, junte os cogumelos previamente reidratados no vinho tinto. A seguir, coloque o vinho, o molho de tomate, o caldo de carne e o patê de foie gras, que dará a espessura do molho. Por último, acrescente as azeitonas e alcaparras.

Frite os escalopes rapidamente, sem passar demais, e cubra-os com este molho.

Filé recheado

(6 pessoas)

1kg de filé mignon ou curto
150g de presunto fatiado
150g de mozarela fatiada
2 ovos
farinha de rosca
sal a gosto

Corte os filés com três dedos de altura, bata-os com a mão e corte-os ao meio, não até o fim; deixe-os fechados dos lados e atrás, e coloque dentro o queijo e o presunto, enrolados, fechando bem com palitos. Passe-os na farinha de rosca, nos ovos batidos com sal e depois na farinha de rosca novamente e frite-os no óleo não muito quente. Acompanhe com legumes e arroz.

Filé Rossini

(6 pessoas)

Para o filé mignon:
1kg de filé mignon
sal
azeite

Para o molho:
450g de fígados de aves
500g de aparas de carne vermelha
2 cebolas
3 colheres de sopa de açúcar
1 colher de sopa de molho inglês
1 colher de sopa de molho de soja
1 copo de vinho tinto
1 colher de sopa de manteiga
1 colher de sopa de óleo
1 colher de sopa de massa de tomate
1 colher de sopa de farinha de trigo
sal e pimenta-do-reino a gosto

O filé mignon:

TOMANDO A PEÇA INTEIRA DO FILÉ MIGNON, separe as pontas, deixando somente a parte central para os medalhões. A ponta menor, aquela que vai afinando, serve para escalopes, pois é muito macia. A ponta maior serve também para escalopes, além de picadinho, mas é um pouco mais dura.

A parte do meio de um filé dá para fazer uns quatro medalhões. A medida do medalhão é de 3 dedos, pois quando frito vai ficar com 2 dedos. Não se bate o filé com batedor, usa-se apenas a mão para amassá-lo.

Para fritar o medalhão, o ideal é uma panela de ferro. Leve a panela ao fogo e deixe esquentar durante uns 10 minutos. Ponha um dedo de azeite no fundo. Quando esquentar, coloque o filé, que deve ficar semi-submerso no óleo. Não se deve mexer. Vire uma vez.

Para saber o ponto:

- ✔ Filé malpassado – 2min cada lado
- ✔ Filé ao ponto – 4min cada lado
- ✔ Filé bem passado – 6min cada lado

Tempero: somente sal.

Os fígados de ave:

LIMPE OS FÍGADOS, retirando as membranas e nervos. Tempere-os com um pouco de sal e vinagre. Refogue-os numa frigideira bem quente, com um pouco de óleo. Quando estiverem dourados, acrescente à frigideira o molho ferrugem, que deve ser preparado à parte.

O molho ferrugem:

NUMA PANELA DE FERRO, DE PREFERÊNCIA, ou em outra da sua confiança, bem quente, derrame o óleo e derreta a manteiga. A seguir, o açúcar. Quando começar a virar calda, acrescente as aparas de carne e dê uma boa refogada. Depois, a cebola, bem picada, acrescentando os demais ingredientes. A farinha deve ser previamente dissolvida no copo de vinho tinto. Coloque um pouco de água, tampe a panela e deixe ferver por uns 30 minutos. À medida que for secando, vá colocando um pouco d'água, até obter um molho consistente e de coloração marrom escura brilhante.

Fritada de lingüiça

(6 pessoas)

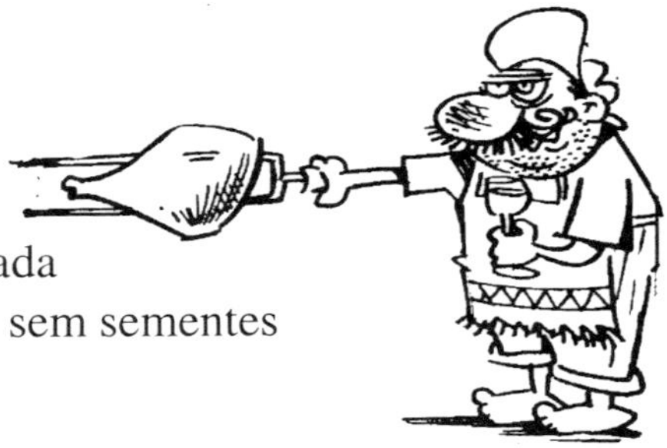

500g de lingüiça
6 ovos
1 xícara de cebola picada
2 tomates sem casca e sem sementes
½ pimentão picado
alho e pimenta

TIRE A PELE QUE ENVOLVE A LINGÜIÇA, desmanchando-a numa frigideira bem quente; acrescente a cebola, o alho e o pimentão para fritar bem, adicionando o tomate em seguida. Quando estiver bem cozido, acrescente os 6 ovos bem batidos, cozinhando até que eles fiquem no ponto.

Língua ao molho de vinho

(6 pessoas)

1 língua de boi
1 cebola bem picada
2 dentes de alho esmagados
300g de champignon
2 xícaras de vinho tinto
1 colher de sopa de maisena
2 colheres de sopa de molho de soja
2 colheres de sopa de molho inglês
1 xícara de água
sal e pimenta a gosto
óleo e manteiga

Na panela de pressão, cubra a língua com água para cozinhar por 1 hora com uma colher de sal. Deixe esfriar um pouco e tire a pele, limpando todas as gorduras e as nervuras.

Corte em fatias. Em outra panela, coloque o óleo e a manteiga e e dê uma bola "selada" nas fatias de língua. A seguir, acrescente a cebola e o alho para dourar. Coloque o molho inglês, o molho de soja, os champignons cortados e a maisena previamente diluída no vinho tinto, deixando cozinhar por alguns minutos.

Lombinho à parmigiana

(4 pessoas)

800g de lombinho de porco
1 cebola bem picada
1 tomate bem picado
3 colheres de sopa de massa de tomate
200g de queijo fatiado
1 cálice de vinho tinto
farinha de trigo
limão e sal
azeite de oliva

CORTE O LOMBINHO EM MEDALHÕES. Tempere-os com sal e limão. Passe-os na farinha de trigo e leve para fritar com azeite

de oliva numa frigideira que possa ir ao forno. Depois que eles estiverem dourados, coloque a cebola e o tomate, a massa de tomate e o vinho. Deixe o molho engrossar. Acrescente fatias de queijo por cima e leve ao forno para derreter o queijo.

Lombinho de porco no vinho tinto

(6 pessoas)

1kg de lombinho de porco
½ xícara de molho de soja
3 colheres de sopa de azeite de oliva
3 cebolas
3 tomates
3 dentes de alho
1 pimentão
1 colher de sopa de farinha de trigo
1 xícara de caldo de carne
½ garrafa de vinho tinto
sal

Tempere o lombo com sal e um pouco do molho de soja. Leve para a panela com o azeite de oliva. Deixe fritar bem, dos dois lados. No liquidificador, faça o molho com as cebolas, os tomates, o alho, o pimentão, a farinha de trigo, o caldo de carne, o restante do molho de soja e o vinho. Bata bem e coloque na panela junto com o lombo já bem dourado. Deixe cozinhar por 40 minutos, mais ou menos. Se preferir, coloque batatas com casca para cozinhar no molho. E está pronto!

Lombo de porco recheado

(6 pessoas)

1 lombo de porco de 1kg aproximadamente
100g de presunto fatiado

1 lata de abacaxi em calda
½ garrafa de vinho branco seco
sal, azeite de oliva e pimenta-do-reino a gosto
1 dente de alho picado
1 cebola picada
suco de 1 limão

TEMPERE O LOMBO DE VÉSPERA com sal, pimenta, alho, cebola, azeite de oliva e limão. No dia, corte o lombo em fatias sem ir até o fundo. Entre elas, coloque uma fatia de presunto e uma de abacaxi. Coloque em uma fôrma untada com bastante azeite de oliva e despeje o vinho por cima. Leve ao forno médio até dourar.

Miolos à milanesa

(6 pessoas)

6 miolos
4 ovos
1 xícara de farinha de pão
4 dentes de alho
suco de 1 limão
sal e pimenta-do-reino a gosto
tempero verde

MISTURE O SAL, O ALHO, A PIMENTA e o suco de limão, fazendo uma pasta. Lave bem os miolos, corte-os em fatias (bifes) e coloque-os nesta pasta de temperos, deixando descansar por 1 ou 2 horas. Bata os ovos, misturando o tempero verde. Passe os miolos pelo ovo batido, depois na farinha de pão, e frite em gordura bem quente.

Pernil derretido

(6 pessoas)

1 pernil de cordeiro jovem de aproximadamente 1kg
1 litro de caldo de carne (ver receita p. 12)
4 cenouras liquidificadas com água
2 tomates picados
2 cebolas médias picadas
2 dentes de alho picados
½ garrafa de vinho tinto

500g de massa tipo rigatoni
1 colher de sopa de açúcar
1 pitada de noz-moscada
3 colheres de sopa de molho de soja
farinha de trigo
suco de 1 limão
sal e pimenta a gosto
azeite de oliva

Tempere o pernil com limão, sal e pimenta. Passe um pouco de farinha de trigo e açúcar dos dois lados dele. Leve-o ao fogo numa panela ampla já bem quente, com azeite de oliva, fritando dos dois lados, até dourar. Acrescente a cebola, o alho, a cenoura liquidificada com água e os tomates. Em seguida, agregue o caldo de carne, a noz-moscada, o vinho e o molho de soja. Mexa para que fique tudo bem misturado em torno do pernil. Quando abrir a fervura, baixe o fogo e deixe cozinhar por mais de 2 horas. Controle o molho para que fique bem líquido, acrescentando água ou caldo de carne, se necessário. Deve cozinhar até a carne se soltar do osso. Tem que ficar se desmanchando. Retire o pernil da panela para desfiar a carne e retirar o osso. Deixe o molho na panela, reservado. Uma vez desfiada a carne, leve-a ao fogo, já sem o osso, misturando-a com o molho da panela. Faça abrir a fervura, misturando bem a carne com o molho, que deve estar bem líquido, como se disse. Também aqui, nessa etapa final, se o molho reduzir muito, acrescente água ou caldo de carne. Quando ferver, acrescente os rigatoni. Se for massa fresca, cozinha rápido; sendo massa industrializada, observe o tempo indicado na embalagem. Quando estiver quase pronto, acrescente um bom punhado de queijo parmesão ralado. Sirva bem quente.

Saltimbocca à la Romana

(6 pessoas)

1kg de vitela em fatias
100g de presunto cru (tipo Parma)
sálvia fresca
50g de manteiga
sal e pimenta a gosto
100g de farinha de trigo
¼ de litro de vinho branco seco

BATA AS FATIAS DE VITELA, coloque uma folha de sálvia sobre cada uma, cubra com uma fatia de presunto cru e prenda com um palito. Passe esses escalopes na farinha de trigo. Numa

frigideira bem quente, derreta a manteiga e frite-os bem. Salgue e apimente a gosto. Acrescente o vinho aos poucos e deixe no fogo até que o molho comece a engrossar. Sirva com purê de batatas ou ervilhas na manteiga.

Tatu coroado

(6 pessoas)

1 pedaço de carne bovina tipo lagarto (tatu) de cerca de 2kg
½ garrafa de vinho tinto de boa qualidade
2 xícaras de suco de laranja
3 tomates picados
3 cebolas grandes picadas
3 colheres de sopa de farinha de trigo
pimenta-do-reino moída na hora e sal a gosto
200g de bacon em fatias
200g de queijo mozarela fatiado
queijo parmesão ralado
500g de massa caseira (fettuccini ou espaguete)

NUMA PANELA DE FERRO aquecida, frite bem a carne (previamente passada na farinha de trigo), dourando-a uniformemente. A sugestão é que seja lagarto (ou tatu, como se diz no Rio Grande), mas pode ser outro corte firme.

Depois de dourada a carne, acrescente a cebola para fritar. Adicione a seguir o tomate, pimenta-do-reino, sal, o suco de laranja e o vinho. Tampe a panela e deixe cozinhar cerca de 2½ horas. A carne vai ficar macia e o molho, espesso e atraente. Quando a carne estiver pronta, retire-a da panela, reservando o molho. Corte a carne em fendas transversais, sem separar as fatias. Em cada fenda, coloque uma fatia de mozarela e uma de bacon. Arrume tudo numa assadeira, coloque uma colher de molho por cima e leve ao forno até derreter um pouco o queijo e o bacon.

Enquanto a carne estiver no forno, cozinhe em água abundante a massa, procurando sincronizar as duas operações para que a carne e a massa fiquem prontas simultaneamente. Então aqueça o molho que ficou reservado e espalhe uma parte dele sobre a massa, com queijo ralado por cima. Use o restante do molho para regar a carne. Sirva a carne e a massa em travessas separadas.

Torta de carne e batata

(6 pessoas)

Para o recheio:
1 cebola média picada
2 colheres de sopa de óleo
500g de carne moída
1 pimentão vermelho em cubos
1 tablete de caldo de carne
4 tomates sem pele e sem sementes picados

1 colher de sopa de farinha de trigo
1 colher de sopa de salsa picada

Para a cobertura:
500g de batatas
½ xícara de leite
sal a gosto
3 ovos
queijo parmesão ralado

A cobertura:

Lave as batatas e cozinhe-as com casca em água fervente até que amoleçam. Então, passe-as pelo espremedor e acrescente o leite e o sal. Misture bem. Bata os ovos inteiros na batedeira até que dobrem de volume e misture-os com a massa de batatas.

O recheio:

Enquanto as batatas cozinham, prepare o refogado de carne. Coloque a cebola e o óleo em uma panela média e deixe fritar ligeiramente. Acrescente a carne, o pimentão e o caldo de carne. Quando a carne começar a perder o tom avermelhado, junte o tomate, tampe a panela e deixe cozinhar por cerca de 5 minutos. Abra a panela e polvilhe a farinha de trigo. Mexa bem, acrescente a salsa picada e retire do fogo. Espalhe a carne em uma fôrma refratária e reserve.

Montagem – Espalhe a massa de batatas sobre a carne e polvilhe com queijo parmesão à vontade. Leve ao forno médio, preaquecido por cerca de 15 minutos ou até que fique dourado. Sirva quente.

A intimidade na cozinha

O filme Simplesmente Martha *tem a leitura imediata do encanto pela culinária. Tem também a questão da entrega pessoal ao trabalho. E, é claro, no final aparece um galã italiano irresistível.*

O imaginário de Martha é feito de receitas: a crosta de um salmão, o ponto exato de um foie gras e outras questões cruciais ocupam os sonhos e as sessões de terapia da personagem. Mas, acima de tudo, o filme é um ensaio soberbo sobre a intimidade.

Gosto de lembrar uma entrevista coletiva de Jânio Quadros, em 1985, às vésperas da eleição em que derrotou Fernando Henrique, para prefeito de São Paulo. Os repórteres se esmeravam, tratando-o cerimoniosamente por "Presidente", "professor", "Dr. Jânio", e continham-se para não lhe dar o "excelência". Até que uma jovem desinibida, de olhos claros e boca carnuda, levantou o dedo e disse: "Jânio: eu quero saber a tua opinião..." E foi abruptamente interrompida por um silêncio pesado, que caiu sobre a sala como se fosse o golpe de um cutelo. Jânio Quadros empertigou-se, pigarreou, elevou os ombros e interrompeu a jovem com um gesto presidencial, a mão erguida como quem vai dar uma bênção, ou perdoar: "Minha senhora, o excesso de intimidade produz duas coisas: mal-entendidos e filhos. E eu não quero ter nenhuma das duas coisas com a senhora". O silêncio da sala, é claro, desmanchou-se numa gargalhada estrondosa, até os lábios carnudos abriram-se num sorriso de filha de boa família. "O que mais gosto na classe dominante são os dentes", diria o Millôr, se visse aquele sorriso de anúncio de dentifrício.

A atitude de Martha, no filme, lembra Jânio Quadros exigindo distância daquela senhora de olhos claros e dentes perfeitos.

Martha faz tudo por Lina, a pequena órfã que vem tumultuar sua vida, mas é incapaz de um afago ou de um sorriso. Até que descobre, num vídeo caseiro, o que a mãe falecida fazia pela menina: abraçava-a, ria para ela e passava os dedos delicadamente pelos seus cabelos.

Martha resiste a Mário, o italiano irresistível, porque, para ela, a cozinha – e também a vida – eram cenários submetidos a tempos exatos e técnicas imutáveis. Para Mário, a cozinha faz parte de um mundo dominado pelos sentidos, com aromas de ervas, cores, sabores e também música e afetos. O macarrão perfumado de Mário, acompanhado de um sorriso, quebra o jejum da pequena Lina. O desfecho é previsível. Depois dos primeiros malentendidos, Martha rende-se ao excesso de intimidade de Mário e, como diz aquele verso, tomba como um sol abandonado.

J.A.P.M.

Aves

Caçarola de perdizes

(6 pessoas)

8 perdizes
½ xícara de cebola bem picadinha
1 garrafa de vinho tinto
50g de manteiga
2 dentes de alho esmagados
manjerona
sal e pimenta-do-reino a gosto

Limpe bem as perdizes e reserve. Faça um molho de vinha-d'alhos com os demais ingredientes (exceção da manteiga). Coloque as perdizes nesse molho de um dia para o outro. No dia seguinte, numa panela bem quente, derreta a manteiga e frite as perdizes. Adicione aos poucos o molho do vinha-d'alhos que ficou reservado e cozinhe até que as perdizes fiquem no ponto e o molho fique consistente.

Codornas com pétalas de rosa

(6 pessoas)

8 codornas
1 dúzia de rosas vermelhas
½ xícara de cebola picada
50g de manteiga ou margarina
1 colher de sopa de farinha de trigo
1 ramo de salsa
sal e pimenta-do-reino a gosto

SEPARE AS PÉTALAS DE ROSA numa tigela grande. Lave-as com um pouco de detergente de cozinha e enxágüe-as de 5 a 6 vezes em água corrente fria, para limpar bem dos defensivos. Coloque as pétalas no liquidificador, acrescente 1 litro d'água, a salsa, a cebola, a farinha, sal e pimenta-do-reino e bata.

Numa panela bem quente, derreta a manteiga e frite as codornas, previamente temperadas com sal e pimenta, deixando-as bem douradas.

Adicione aos poucos o molho liquidificado das rosas e cozinhe até que as codornas fiquem no ponto e o molho engrosse.

Fígado com manjericão

(4 pessoas)

500g de fígados de frango
100g de nata
1 punhado de manjericão fresco
suco de 1 laranja
2 colheres de sopa de farinha de trigo
30g de manteiga
sal e pimenta a gosto

TEMPERE OS FÍGADOS COM SAL E PIMENTA. Passe-os na farinha e frite-os com manteiga numa panela bem quente. Devem ficar bem passados. Retire-os da panela e reserve, mantendo-os aquecidos. Enquanto isso, adicione o suco de laranja à panela, soltando com uma colher de pau aquela gordura que ficou no fundo da panela, e deixe cozinhar até reduzir à metade. Junte a nata e as folhas de manjericão, cozinhando por mais uns minutos. Coloque este molho sobre os fígados e sirva. Enfeite o prato com folhinhas de manjericão.

Filé de frango com tomate seco

(4 pessoas)

2 peitos de frango
12 pedaços de tomate seco
rúcula
100g de queijo fatiado (mozarela, ou prato, ou lanche)
1 ovo batido

CORTE CADA PEITO DE FRANGO EM DOIS FILÉS, recheie com o tomate seco, rúcula e queijo. Passe os filés recheados no ovo e depois na farinha de rosca. Arrume-os num refratário e leve ao forno médio por 30 minutos, aproximadamente.

Frango com molho de vinho tinto

(4 pessoas)

600g de frango (peito ou sobrecoxa sem osso)
1 vidro de cogumelos em conserva (100g)
1 cebola picada
2 colheres de sopa de farinha de trigo
2 dentes de alho picados
1 copo de vinho tinto
1 copo de caldo de galinha
sal e pimenta branca

Tempere os filés de frango com sal e pimenta e frite-os em frigideira com manteiga. Depois de dourados, retire-os do fogo e reserve, aproveitando o molho da frigideira para fritar os cogumelos em fatias, a cebola e o alho. Dilua a farinha de trigo no copo de vinho tinto e agregue à panela, juntamente com o caldo de galinha, deixando cozinhar até engrossar. Corrija o sal e coloque os filés de frango no molho, deixando abrir a fervura e cozinhando por alguns minutos. Sirva com arroz ou com massa.

Galeto no espeto

1 galeto médio
sal
sálvia (ou manjerona ou orégano)
250g de toucinho
alho

Corte o galeto pelas juntas e tempere com sal, alho e sálvia (ou manjerona ou orégano). Deixe curtir por, no mínimo, uma hora. Espete os pedaços num espeto, intercalando-os com fatias finas de toucinho e galhinhos de sálvia. Asse em uma churrasqueira, virando os espetos de maneira que asse o galeto por igual.

Na Serra Gaúcha, servem o galeto com salada de batatas, radicci, pão e uma boa massa (espaguete ou fettuccini).

Galeto ao forno

1 galeto médio
sal
sálvia (ou manjerona ou orégano)
250g de toucinho
3 colheres de sopa de manteiga
1 copo de vinho branco seco

CORTE O GALETO PELAS JUNTAS e tempere com sal, sálvia (ou manjerona ou orégano) e o vinho branco. Deixe curtir no mínimo por uma hora.

Coloque o galeto numa fôrma e cubra com fatias do toucinho e pedaços da manteiga. Asse em forno quente, virando os pedaços para que fiquem dourados uniformemente.

Sirva com macarrão ao molho de tomates e uma salada verde ou com uma boa polenta.

Sorvete e terroristas

Quando me falam em fleugma britânica, sempre lembro daquele velho turista saboreando o melhor tartuffo de Roma. Talvez não fosse exatamente o melhor, mas era o único sorvete servido na paisagem inexcedível da Piazza Navona.

Havia muito sol naquele sábado quente de uma primavera tardia dos anos 70. O velho turista inglês dividia sua atenção entre o tartuffo, a imponência das esculturas de Bernini que formam a Fontana dei Fiumi, no centro da praça, e a fachada da igreja de Santa Inês, a obra mais ousada de Borromini, que a boa posição de sua mesa permitia contemplar.

Foi quando apareceram os blindados. Ocuparam todas as entradas da Piazza Navona. O som difuso das vozes de centenas de pessoas que passeavam entre os cavaletes dos pintores foi abafado pelo barulho das lagartas dos carros no calçamento de pedra. O primeiro momento de pânico geral foi seguido por uma rápida e silenciosa retirada dos turistas e dos romanos que há pouco passeavam sem pressa ao sol. Num canto da praça, perto de um palanque improvisado, jovens que não estavam ali para apanhar sol, nem para comer sorvete, começavam a se aglomerar.

Nem o ruído assustador dos carros blindados, inesperadamente entrando na praça, abalaram o velho turista, que continuou com suas sossegadas colheradas de tartuffo.

A ocupação militar da Piazza Navona era mais um ato de uma campanha eleitoral tensa, desenvolvida entre atentados, mortes e um preocupante desinteresse popular: uma ala das "Brigadas Vermelhas", organização terrorista partidária da luta armada, convocara uma "manifestação antieleitoral" para a Piazza Navona, além de cortejos pela cidade, tudo executado por experimentados militantes disfarçados por passamontagne a cobrir o rosto.

Os cafés da praça foram ficando vazios, as pessoas pagavam suas contas com rapidez. "Em Londres, não vemos dessas coisas", disse com raiva uma senhora idosa, enquanto escolhia as liras na carteira para pagar a conta de uma pizza requentada. O velho turista inglês sacudiu a cabeça para sua irritada compatriota: "Mas em Londres não temos uma praça como esta. E nem temos o tartuffo". Depois das últimas colheradas sem pressa, pagou a conta, deixando uma gorjeta capaz de fazer o garçom recordá-lo da próxima vez, e saiu a passo, despreocupado, dando uma última olhada na imagem em que Santa Inês, com a mão no peito, parecia lhe sorrir.

J.A.P.M.

Doces, bolos, cucas, pães e biscoitos

Bolachinhas ligeiras

6 ovos bem batidos
450g de açúcar
2 colherinhas de bicarbonato de sódio
2 xícaras de banha derretida
1kg de farinha
1 pitada de sal

MISTURE TODOS OS INGREDIENTES, abra e espiche a massa com um rolo, cortando-a no formato desejado para as bolachas. Coloque numa assadeira untada e polvilhada com farinha e leve para assar em forno médio.

Bolo delicioso de limão

Para a massa:
4 ovos
1 xícara de açúcar
½ xícara de leite
1 colher de sopa de manteiga
1½ xícara de farinha de trigo
2 colherinhas de fermento em pó
Para o recheio:
1 lata de leite condensado
½ xícara de suco de limão
raspas de limão
Para a cobertura:
500g de açúcar de confeiteiro
1 clara

4 colheres de sopa de suco de limão
folhinhas feitas de casca de limão para enfeitar
cerejas em calda para enfeitar (opcional)

O bolo:

Bata as claras em neve bem firme. Acrescente as gemas, uma a uma, batendo bem. Acrescente o açúcar e bata mais um pouco. Coloque o leite e a manteiga em uma panela pequena e leve ao fogo até ferver. Despeje lentamente o leite fervente, alternando com farinha de trigo. Retire da batedeira e adicione o fermento em pó. Coloque a massa em uma fôrma redonda

média (24cm de diâmetro) untada e enfarinhada. Leve para assar em forno médio (180º), preaquecido, por cerca de 40 minutos. Retire e espere amornar.

O recheio:

MISTURE O LEITE CONDENSADO, o suco e a raspa de limão até obter um creme consistente e reserve.

A cobertura:

COLOQUE O SUCO DE LIMÃO e a clara em um recipiente refratário e vá adicionando o açúcar de confeiteiro até formar uma massa firme. Reserve.

Montagem:

DESENFORME O BOLO EM UM PRATO. Corte-o ao meio no sentido horizontal. Recheie uma das partes com o creme de limão, reservando duas colheres (sopa). Coloque a outra parte do bolo e espalhe o creme reservado por toda a superfície do bolo. Coloque a massa feita para a cobertura em cima de um plástico polvilhado com açúcar de confeiteiro e abra-a com o auxílio de um rolo de massa até que fique com a espessura fina. Coloque-a em cima do bolo, deixando cair nas laterais. Enfeite com as folhinhas feitas com a casca de limão e cerejas em calda.

A aparência da massa de açúcar de confeiteiro fica igual à de uma massa de torta normal. O plástico ajuda a colocar a massa em cima do bolo, sem quebrar.

Colomba pascal

Para a primeira etapa da massa:

300g de farinha de trigo
250ml de água morna
10g de açúcar
20g de fermento biológico ou 60g de fermento seco fresco

Para a segunda etapa:

800g de farinha de trigo peneirada
230g de açúcar
230g de manteiga
5g de sal
4 gemas
raspas de laranja ou 1 colher de chá de essência de laranja ou baunilha
500g de chocolate meio amargo picado

Para a cobertura:

130g de farinha de trigo
130g de açúcar
130g de açúcar de confeiteiro
20g de nozes moídas
2 claras
essência de nozes a gosto (opcional) ou 1 colher de canela.

MISTURE BEM OS INGREDIENTES DA primeira etapa da massa e deixe fermentar por 25 minutos num recipiente coberto com plástico. Depois deste tempo, acrescente os ingredientes para a segunda etapa, menos o chocolate meio amargo, e misture bem, formando a massa final da colomba. Sove até ficar uma massa lisa e elástica que não grude nas mãos. Depois, cubra com um plástico e deixe dobrar de volume. Abra a massa e misture pedaços pequenos de barra de chocolate meio amargo. Divida em duas partes, forme três rolos de cada uma: um grande e dois pequenos. Enquanto isso, prepare a cobertura, misturando os ingredientes indicados, e espalhe por cima da colomba. Coloque os rolos de massa em fôrma própria, passe a cobertura e deixe dobrar de volume. Tudo preparado, leve a colomba ao forno preaquecido até que, espetando um palito, este saia seco.

Gelado de morango

2 caixinhas de morangos
2 pacotes de merenguinhos (suspiros)
2 latas ou caixinhas de creme de leite
2 colheres de sopa de açúcar

LAVE OS MORANGOS (SÓ DEPOIS RETIRE OS TALINHOS) e corte-os em quatro partes. Quebre alguns merenguinhos e deixe outros inteiros. Misture bem com os morangos. Coloque em um prato grande todos os ingredientes e misture-os delicadamente. Sirva gelado.

Calda de morangos (opcional) – Misture meia caixa de moranguinhos com 6 colheres de açúcar e 1 colher de chá de farinha de trigo. Liquidifique tudo, acrescentando um copo de vinho tinto, e bata bem. Leve ao fogo brando, mexendo sempre, até que engrosse. Esta calda pode ser servida quente ou fria sobre as porções do gelado de morango.

Grôstoli

2 ovos
2 colheres de sopa de açúcar
2 colheres de sopa de cachaça
2 colheres de sopa de banha
óleo para fritar
farinha de trigo

Junte os quatro primeiros ingredientes e acrescente, aos poucos, farinha suficiente para que a massa fique com uma consistência macia. Deixe descansar. Espiche com um rolo ou máquina e com a ajuda de uma carretilha corte em retângulos de, aproximadamente, 6 por 10cm. Faça um corte no centro (ao comprido), passe uma das pontas no meio e forme a "calça virada". Frite na gordura já aquecida.

Assim que estiverem corados, retire-os do fogo, arranje em um prato e polvilhe com açúcar e canela em pó.

Loucuras de morango

Para a primeira camada (base de claras levemente cozidas):
5 claras
10 colheres de sopa de açúcar

BATA AS CLARAS EM NEVE e acrescente, aos poucos, o açúcar. Até ficar firme! Coloque num prato refratário e leve ao forno por 10 minutos. Retire do forno e reserve.

Segunda camada (ovos moles com coco):
12 gemas passadas na peneira
20 colheres de sopa de açúcar
10 colheres de sopa de água
100ml de leite de coco

BATA TUDO NO LIQUIDIFICADOR. Depois, numa panela, deixe ferver, misturando sempre, até engrossar. Espalhe essa camada por cima do merengue.

Terceira camada (morangos):
2 caixas de morangos

CORTE OS MORANGOS E arrume-os por cima dos ovos moles.

Quarta camada (chocolate):
3 colheres de sopa de chocolate
6 colheres de sopa de açúcar
2 colheres de sopa de leite
1 colher de sopa de manteiga

MISTURE TUDO NUMA PANELA ATÉ ENGROSSAR, formando uma calda espessa de chocolate. Espalhe essa calda de chocolate entre os morangos.

Palha italiana

200g de bolachas Maria
1 lata de leite condensado
1 colher de sopa de manteiga
3 colheres de sopa de chocolate em pó

COLOQUE EM UMA PANELA O LEITE CONDENSADO, a margarina e o chocolate, mexendo sempre até engrossar e desgrudar do fundo da panela. Ao engrossar, adicione as bolachas esfareladas irregularmente, mexa mais, até ficar bem misturado. Despeje em um prato retangular untado previamente, deixe esfriar e corte em quadradinhos pequenos. Sirva frio. É um ótimo acompanhamento para um lanche.

Pão de batata-doce

3 ovos
2 copos de leite morno
4 colheres de sopa de açúcar
1 colher de sopa de sal
1 copo de azeite
3 batatas-doces médias cozidas
1,1kg de farinha
2 tabletes de fermento diluídos em leite morno (60g)

Comece por cozinhar as batatas-doces. Enquanto isso, numa bacia, misture bem 1kg de farinha com o fermento e reserve. Bata no liquidificador as batatas doces-cozidas, junto com os demais ingredientes – com exceção da farinha e do fermento. A mistura do liquidificador vai ficar um creme. Esse creme batido deve ser misturado à farinha e ao fermento, na bacia. Misture bem. Provavelmente precisará de mais um pouquinho de farinha, para dar o ponto à massa. A massa deve desgrudar da mão. Deixe-a descansar, para crescer (1 hora). Depois, amasse-a novamente e faça a modelagem dos pãezinhos, em forma de bolinhas. Arrume-os numa assadeira e deixe crescer por mais 1 hora. Leve ao forno de 180 graus por aproximadamente 35 minutos. Como sugestão, passe uma gema de ovo por cima, para dourar, antes de levar ao forno.

Pão de lingüiça

1 colher de sopa de sal
4 colheres de sopa de queijo parmesão ralado
1½ colher de chá de açúcar
1kg de farinha de trigo
1 xícara de água morna aproximadamente

50g de fermento biológico
200g de lingüiça calabresa defumada cortada em rodelas finas
3 colheres de sopa de azeite de oliva
150g de queijo mozarela ralado grosso

Coloque o fermento em uma tigela funda e salpique com o açúcar. Com um garfo, amasse o fermento e o açúcar até obter uma pasta. Acrescente metade da água morna e misture. Coloque na mistura 1 xícara de farinha de trigo, misture e deixe repousar por 15 minutos. Acrescente a farinha restante e o sal, misture bem e vá acrescentando água morna aos poucos para obter uma massa lisa e macia. Amasse por 10 minutos e coloque a massa novamente na tigela. Cubra com um pano úmido. Deixe a massa dobrar de volume por cerca de 40 minutos, dependendo da temperatura do dia. Amasse novamente a massa por 5 minutos, abra com um rolo, formando um retângulo de aproximadamente 50x30cm. Arrume sobre a massa a lingüiça e salpique com a mozarela e o parmesão. Enrole-a como se fosse um rocambole e, com a ponta dos dedos, aperte bem a emenda e as pontas. Faça um círculo com a massa, unindo bem as extremidades. Coloque em uma fôrma de bolo de 25cm (furo no meio). Cubra novamente com um pano e deixe o pão crescer novamente por cerca de 30 minutos. Preaqueça o forno em temperatura média. Pincele o pão com um pouco de azeite de oliva e leve ao forno para assar por cerca de 1 hora. Deixe esfriar completamente para retirar da fôrma.

Pão-de-casa

1½ xícara de leite morno
2 pacotinhos de fermento (30g cada)
1 pitada de açúcar
½ colher de sopa de sal
4 xícaras de farinha de trigo
1 ovo
4 colheres de sopa de azeite

Misture o fermento com o leite morno e o açúcar, deixando descansar por 20 minutos. Depois, misture com os outros ingredientes, formando uma massa uniforme, que deve ser colocada numa assadeira untada. Antes de ir ao forno, deixe crescer, durante uns 40 minutos, num ambiente não muito frio. A seguir, asse em forno médio por 30 minutos.

Sagu

(12 pessoas)

1 garrafa de vinho tinto
2 garrafas de suco de uva
2½ xícaras de açúcar
1 xícara de bolinhas de sagu

Coloque as bolinhas de sagu de molho, de um dia para o outro, cobrindo completamente com a água. Leve ao fogo o sagu na água em que ficou de molho, juntando o vinho e o suco de uva. Mexa bem até o sagu engrossar e ferver. Quando ferver, adicione o açúcar aos poucos, mexendo sempre para não embolar. Quando a maioria das bolinhas do sagu ficarem transparentes e a consistência estiver boa, retire do fogo, deixando esfriar. Sirva com um creme.

Sobremesa de banana

(12 pessoas)

6 bananas pratas ou nanicas, maduras e descascadas
1 xícara de açúcar mascavo
½ xícara de água
2 copinhos de iogurte natural

Coloque o açúcar e a água numa frigideira, leve ao fogo, mexendo até derreter. Acrescente as bananas e cozinhe até que fiquem macias e comecem a desmanchar. Tire do fogo, passe pelo liquidificador e junte o iogurte. Misture tudo, coloque numa tigela e leve à geladeira.

Sorvetão

(12 pessoas)

1 lata de leite condensado
3 latas de leite
5 gemas peneiradas
5 claras batidas
11 colheres de sopa de açúcar
1 copo de leite
5 colheres de sopa de chocolate em pó

Misture o leite condensado com 2 latas de leite e 5 gemas peneiradas e leve ao fogo para fazer um creme. Reserve.

Leve à batedeira as claras; quando estiverem firmes, acrescente 5 colheres do açúcar e bata em neve. Misture suavemente os dois cremes.

Caramelize bem uma fôrma de pudim com o restante do açúcar. Reserve. Adicione o chocolate em pó ao restante do leite e coloque sobre o caramelo. Logo após, coloque o creme na fôrma. Desenforme após estar supergelado.

Obs.: Se tiver dificuldades para desenformar, passe a fôrma pela chama do fogão rapidamente.

Sorvetão de pêssego

(12 pessoas)

8 ovos (separar claras e gemas)
24 colheres de sopa de açúcar
1 lata de creme de leite
2 latas de leite condensado
4 latas de leite
pêssegos em calda picados

Bata 8 claras em neve com 3 colheres de açúcar para cada clara. Depois de batidas, coloque a metade cobrindo o fundo e as bordas de uma assadeira e leve ao forno; à outra metade acrescente uma lata de creme de leite sem soro e leve ao congelador. Misture as 8 gemas com duas latas de leite condensado e 4 latas de leite, apure em fogo médio mexendo sempre. Depois de frio, acrescente alguns pêssegos picados e coloque sobre o merengue assado; por fim, junte o creme que foi ao congelador e mantenha o doce congelado.

Tartuffo

4 copos de leite
1 lata de creme de leite sem soro
6 ovos
1 xícara de açúcar
1 colherinha de maisena
100g de chocolate em pó meio amargo
1 barra de chocolate meio amargo ralado

Separe as claras e gemas. Bata as claras em neve firme e misture com a metade do açúcar até ficar um bom merengue (suspiro). À parte, faça uma gemada com o restante do açúcar e misture, mexendo sem parar, com o leite fervente. Acrescente a maisena e o chocolate em pó. Leve ao fogo brando, mexendo sempre e cuidando para que não ferva. Depois de esfriar, misture com o merengue, bata bem e incorpore o creme de leite. Misture com o chocolate ralado e leve ao congelador por umas 3 horas. De vez em quando, retire e bata para que fique macio e cremoso. Sirva com uma colherada de nata batida por cima e uma cereja.

Tiramisú

1 pacote de biscoito diplomata
1 medida de conhaque
1 medida de licor Strega
1 medida de uísque
100g de chocolate em pó
200g de mascarponi ou creme de leite batido com gotas de limão
1 copo de café passado

Trata-se de um pavê. Numa fôrma ou travessa funda, organize camadas de biscoito tipo diplomata, ou biscoito inglês, que é o conhecido biscoito de champagne, porém sem o açúcar. Os biscoitos são levemente molhados com uma mistura de partes iguais de: uísque, licor e conhaque. São então cobertos por uma fina camada de chocolate em pó meio amargo ou amargo, de preferência. A seguir, são banhados em café passado bem forte. Para cada biscoito (no caso de uma porção) derrama-se aproximadamente uma colherinha de café. A seguir, coloca-se uma camada de mascarponi, que é um queijo italiano branco mole. Para substituí-lo, podemos fazer um creme de leite batido até formar o ponto de chantilly e colocar umas gotas de limão. Repita as camadas, deixando por cima uma camada de mascarponi ou creme. Deixe na geladeira cerca de 2 horas e sirva.

Torta de banana

Para a massa:
200g de biscoitos Maria
120g de manteiga
2 colheres de sopa de leite

Para o recheio:
1 lata de leite condensado
400g de nata ou creme de leite
4 bananas
1 colher de sopa de gelatina sem sabor
canela a gosto

Moa os biscoitos, misture a manteiga e o leite, formando uma farofa. Coloque em uma fôrma de abrir e leve ao forno por 15 minutos. À parte, cozinhe o leite condensado, com a lata, na panela de pressão por 45 minutos; deixe esfriar completamente antes de abri-la. Para o recheio, amasse três bananas e misture ao leite condensado já cozido e frio. Junte a gelatina já hidratada.

Misture e acrescente, delicadamente, a nata (reserve um pouco para a decoração). Coloque a mistura na casca feita com o biscoito. Enfeite com as fatias de banana e o restante da nata. Leve à geladeira para endurecer e sirva gelada.

Torta de coco com chocolate

1 pacote de biscoito de maisena
4 claras
8 colheres de sopa de açúcar
1 garrafa de leite de coco (500ml)
500g de chocolate para cobertura ralado

Coloque num refratário untado uma camada de biscoitos, depois uma de chocolate ralado, regue com um pouco de leite de coco e vá repetindo as camadas. Leve ao forno por 10 minutos. Retire do forno, coloque a merengada e leve ao forno novamente por 8 minutos. Retire, deixe esfriar e decore com lascas de chocolate. Sirva gelado.

Merengada:

Bata as claras em neve e vá juntando o açúcar aos poucos, batendo até ficar bem firme.

Torta de frutas

Para a massa:

100g de biscoitos de maisena moídos
50g de manteiga sem sal
1 colherinha de açúcar

Para o recheio:

2 xícaras de leite
½ xícara de farinha de trigo
2 gemas
⅓ de xícara de açúcar
frutas em calda a gosto (pêssego, abacaxi, figo)

A massa:

Misture todos os ingredientes da massa até obter uma farofa. Acomode a farofa no fundo e nas laterais de um refratário grande untado com margarina e leve ao forno médio por cerca de 15 minutos.

O recheio:

Leve ao fogo os ingredientes até engrossar. Sobre a massa, já assada, coloque o creme e decore com as frutas picadas. Deixe gelar por alguns minutos.

Torta de limão

Para a massa:

2½ xícaras de farinha
1 tablete de manteiga

2 colheres de sopa de açúcar
1 colher de sopa de suco de limão

Para o recheio:
1 lata de leite condensado
4 ovos
suco de 5 limões

A massa:

Misture a farinha, a manteiga em temperatura ambiente e o açúcar. Após formar uma farofa, acrescente o suco de limão. Leve-a à geladeira por 30 minutos, envolvida em plástico, para descansar. Abra a massa numa espessura de 2,5cm. Cubra o fundo e as laterais de uma fôrma com fundo removível e dê uma pré-assada por 10 a 15 minutos.

O recheio:

Misture bem o leite condensado com as 4 gemas e acrescente, aos poucos, o suco dos limões. Coloque o recheio na fôrma pré-assada. Bata em neve as 4 claras, fazendo um merengue, e cubra a fôrma. Leve ao forno por 10 minutos.

Torta de morangos com chocolate

1 caixa de morangos frescos
1 lata de leite condensado
1 lata de leite
2 colheres de sopa de maisena
200g de chocolate em barra meio amargo
1 caixinha de creme de leite

Limpe os morangos, corte-os ao meio e coloque-os no fundo de um prato (não precisa ser um prato muito fundo). Leve ao fogo brando o leite condensado, o leite e a maisena até engrossar (mexa sempre) e coloque em cima dos morangos. Leve ao fogo em banho-maria o chocolate ralado e a caixa de creme de leite até dissolver tudo e formar um creme, despeje em cima do creme branco e enfeite com um "morangão". Sirva bem gelada.

Torta gelada de bombom

Para o creme branco:
1 lata de leite condensado
1½ lata de leite
2 colheres de sopa de maisena
3 gemas
1 colherinha de manteiga ou margarina

Para o creme de chocolate:
1½ lata de leite
4 colheres de sopa de chocolate em pó
2 colheres de sopa de açúcar
1 colher de sopa de maisena
1 colherinha de manteiga ou margarina.

Para a camada de bombons:
15 bombons (sonho de valsa, ouro branco, amor carioca, bis lacta etc.)

Para a camada de neve:
3 claras
4 colheres de sopa de sopa de açúcar
4 colheres de sopa de nata fresca ou 1 lata de creme de leite

O creme branco – Misture bem todos os ingredientes e leve ao fogo brando, mexendo sempre até engrossar. Espalhe este creme em um prato grande.

O creme de chocolate – Misture bem todos os ingredientes e leve ao fogo brando, mexendo sempre até engrossar. Coloque este creme em cima do creme branco.

A camada de bombons – Pique bem os bombons e coloque-os em cima da camada do creme de chocolate.

A camada de neve – Bata na batedeira as claras até que elas fiquem bem firmes. Após, acrescente, uma a uma, as 4 colheres de açúcar e bata mais. Quando as claras estiverem bem firmes, desligue a batedeira e acrescente aos poucos a nata fresca ou 1 lata de creme de leite sem o soro. Misture delicadamente e coloque em cima das demais camadas da torta. Polvilhe com um pouco de chocolate em pó ou com farelo dos bombons. Sirva bem gelada.

Torta mesclada

Para a massa:
5 ovos
1 xícara de leite
2 xícaras de farinha de trigo
2 xícaras de açúcar
1 pacotinho de fermento em pó

Para o recheio:
1 lata de leite condensado
1 lata de creme de leite
3 gemas
½ litro de leite
1 colher de sopa de maisena

Para a primeira cobertura:
3 claras
2 colheres de sopa de açúcar
1 xícara de açúcar
½ xícara de água

Para a segunda cobertura:
2 colheres de sopa de açúcar

2 colheres de sopa de chocolate em pó
2 colheres de sopa de leite
1 colher de sopa de margarina

A massa:

BATA AS GEMAS, coloque o leite fervendo, o açúcar (batendo sempre), adicione o fermento e, por último, as claras em neve. Quando a massa estiver fria, corte-a ao meio ou até em três discos.

O recheio:

MISTURE BEM TODOS os ingredientes e leve ao fogo brando mexendo sempre até engrossar.

A primeira cobertura:

BATA AS CLARAS EM NEVE e adicione duas colheres de açúcar. Separadamente, queime o açúcar com ½ xícara de água fervendo, até o ponto de caramelo. Logo após, ainda com a batedeira ligada, adicione o caramelo às claras em neve. Reserve.

A segunda cobertura:

LEVE AO FOGO BRANDO até ferver. Reserve.

A montagem:

ASSIM QUE A MASSA ESFRIAR, corte-a ao meio e espalhe o recheio entre os discos. Cubra tudo com a primeira cobertura e, em seguida, pincele com a segunda cobertura.

Obs.: Tanto o recheio como as coberturas podem servir para fazer torta de bolachas.

Bolero e pinoli

Paulo Francis, que era um improvisador extraordinário, – no jornalismo, na literatura, na mesa –, numa noite em que improvisávamos um improvável spaghetti cabornara em Frankfurt, garantiu ao Ivan e a mim que ninguém improvisava melhor – "no mundo", ele sublinhava – do que o Dr. Walter Moreira Salles, ex-embaixador do Brasil em Londres. Certa vez, o Dr. Walter recebeu na embaixada o mundo diplomático e o gabinete inglês, tendo à frente o primeiro-ministro, para um jantar de gala e baile, animado por uma orquestra brasileira. O maestro cearense, numa insólita decisão, para marcar o início do baile, lascou o Hino Nacional brasileiro. O primeiro-ministro inglês deve ter pensado que era uma alguma marchinha sul-americana e quis ser gentil: tirou a embaixatriz brasileira para dançar e saiu pelo salão a bailar animadíssimo. O Dr. Walter, nosso embaixador, para evitar que a gafe se transformasse numa crise internacional, rapidamente, improvisou: com uma mesura, tirou a mulher do primeiro-ministro para dançar, e saíram rodopiando sob os acordes do hino pátrio, mas ele fez com que evoluíssem na direção da orquestra. Quando chegou perto do maestro, ordenou de forma discreta, mas peremptória: "Converta em bolero!" Foi certamente a primeira vez que o nosso hino começou com o "Ouviram do Ipiranga..." e terminou com os sons inconfundíveis do "Besame Mucho".

Não sei se o Dr. Walter levava esse seu inexcedível talento também para a cozinha, mas improvisação, por certo, é uma das virtudes essenciais de um cozinheiro. Dias atrás o Paulo Lima e o Caporal, que fazem parte de uma turma de cozinheiros formados num curso do governo italiano, me contaram de um colega que teve a missão de preparar um fettuccini al pesto, que, segundo a receita clássica, tem os pinoli italianos como ingredientes obrigatórios. Mas não havia pinoli, – e o fettuccini tinha que sair. O cozinheiro, então, no desespero, improvisou. Usou pinhões gaúchos, bem torrados. Os italianos presentes degustaram a novidade com encantamento e vivas e quiseram saber o que ele tinha feito, que mágica era aquela de substituir – segundo as palavras deles, – os "insossos pinoli" por um ingrediente tão saboroso. O cozinheiro ria sozinho: conseguira transformar uma improvisação desesperada num triunfo. De certa forma, tinha dançado o Hino Nacional.

J.A.P.M.

Diversos

Abobrinhas gratinadas

(8 pessoas)

1kg de abobrinhas cortadas em rodelas
200g de bacon picado
2 ovos
2 xícaras de queijo lanche cortado em tiras
1½ xícara de leite
1 punhado de farinha de rosca
1 punhado de queijo parmesão ralado

UNTE UM PRATO REFRATÁRIO E COLOQUE as rodelas de abobrinha de forma a cobrir todo o fundo do prato. Bata os ovos e misture ao leite. Coloque a mistura sobre a camada de abobrinhas. Faça outra camada de bacon, outra de queijo, outra de abobrinha, outra de bacon e a última de queijo. Por cima, espalhe o queijo ralado e a farinha de rosca. Leve ao forno por uma hora, aproximadamente. Retire e sirva!

Almôndegas de peixe

(8 pessoas)

400g de peixe cozido
400g de batatas
3 ovos
2 colheres de sopa de manteiga
1 colher de sopa de farinha

1 colher de sopa de leite
sal e pimenta-do-reino
noz-moscada
óleo para fritar

Nesta receita podem ser utilizados os peixes mais baratos, sem problemas. Retire a pele e as espinhas do peixe e pique-o. Cozinhe as batatas e faça um purê. Junte os ovos inteiros, a manteiga derretida e a farinha. Adicione o leite, tempere com sal, pimenta e noz-moscada e misture, fazendo uma massa consistente. Com a massa obtida forme bolas do tamanho de uma noz. Passe-as pela farinha restante e frite-as em óleo bem quente. Sirva as almôndegas de peixe regadas com molho de tomate bem quente ou com o molho numa molheira.

Bolinhos de polenta Nona Luíza

2 xícaras de chá de polenta pronta
1 ovo
1 lata de ervilhas
2 colheres de sopa de queijo parmesão ralado
molho de tomates (receita na página 155)

Junte à polenta o ovo e duas colheres de queijo ralado, misturando com o garfo.

Junte as ervilhas escorridas, com cuidado, para não amassá-las. Faça bolinhas, molhando as mãos para não grudar. Frite-os em óleo quente. Não é necessário muito óleo. Depois de fritos, arrume-os num pires, espalhando por cima o queijo ralado e o molho de tomates quente.

Sugestão:

É um ótimo acompanhamento para o prato principal de uma refeição.

Brócolis gratinados

(4 pessoas)

2 molhos de brócolis
1 colher de sopa de manteiga
1 cebola pequena
1 colher de sopa de farinha de trigo
1 xícara de requeijão tipo catupiry
queijo fatiado
presunto fatiado
1 lata de creme de leite
sal
queijo parmesão ralado

Ferva os brócolis rapidamente. Depois coloque-os em um prato refratário, ajeitando-os com a flor para cima. Coloque charutinhos de queijo e presunto (enrole fatias de queijo e presunto juntos) intercalados entre as flores de brócolis. Faça um molho branco, refogando a cebola picada na manteiga e logo após acrescentando a farinha de trigo, o catupiry, o creme de leite e o sal (deixe ferver por um minuto e estará pronto). Coloque esse molho branco por cima dos brócolis, cubra com o queijo parmesão a gosto e leve ao forno por aproximadamente vinte minutos, mais ou menos. Retire do forno e sirva!

Couve-flor à milanesa

1 couve-flor
sal
ovo batido
farinha de rosca
gordura para fritar

Cozinhe a couve-flor em água e sal e separe em pedaços. Passe no ovo batido com sal e um pouco d'água e, em seguida, na farinha de rosca.

Frite em gordura quente.

Sirva com massa, carne com molho e uma salada verde.

Fritada do papai

(8 pessoas)

500g de carne bovina moída
12 ovos batidos
1 pimentão verde picado
1 pimentão vermelho picado
1 punhado de azeitonas sem caroço
2 cebolas picadas
2 tomates picados

1 colher de sopa de farinha de trigo
200g de queijo mozarela ralado
100g de queijo parmesão ralado
sal e pimenta-do-reino a gosto
2 colheres de sopa de azeite de oliva

ESTA RECEITA É UMA VARIAÇÃO DA *FRITTATA*, uma omelete italiana grossa e achatada, parcialmente frita numa frigideira pesada e depois grelhada no forno, até ficar firme e dourada.

Bata os ovos como se fosse fazer uma omelete simples, acrescentando a farinha de trigo, a pimenta e o sal. Reserve.

Escolha uma frigideira ampla, com cabo de metal, que possa ir ao forno, que é o procedimento final desta receita. Leve a frigideira ao fogo com o azeite de oliva. Quando estiver quente, junte a carne moída e refogue, deixando reduzir bem. Acrescente o pimentão verde, o pimentão vermelho, as azeitonas, as cebolas, os tomates e a farinha de trigo, misturando bem com a carne. Por cima, derrame os ovos batidos, cuidando para que se espalhem bem, e faça com que a mistura fique bem frita de um lado. Espalhe os dois queijos por cima e leve a frigideira ao forno (se o forno tiver o dispositivo de grill, melhor) o tempo suficiente para gratinar.

Molho de carne

1kg de carne de segunda magra
2 ou 3 cebolas grandes
2 ou 3 tomates maduros
2 colheres de sopa de manteiga
2 colheres de sopa de massa de tomate
óleo
sal
alho, manjerona e louro a gosto

Carne de segunda, sempre diz o Anonymus, tem sabor de primeira. Frite o pedaço de carne em óleo quente. Acrescente as cebolas bem picadas, os tomates, o sal e os demais temperos.

Depois que a carne estiver frita e dourada, cubra com água e deixe cozinhar por mais 2 ou 3 horas. Acrescente mais água quando necessário. Quando o molho estiver quase pronto (cebolas e tomates já dissolvidos), acrescente a manteiga.

Molho de tomates

1 colher de sopa de azeite de oliva
1 colher de sopa de manteiga
2 cebolas
2 tomates grandes
3 colheres de sopa de massa de tomates
2 copos de caldo de carne
sal e pimenta

* TIRÁ UM EXTRATO

RECEITA MUITO SIMPLES e saborosa de molho de tomates. Bater todos os ingredientes no liquidificador. Leve a uma panela para ferver, acrescentando mais água, quando necessário, até formar um molho bem consistente.

Ramequim

Fatias douradas

(6 pessoas)

1 pacote de pão de fôrma fatiado
150g de queijo prato ou lanche picado
150g de presunto picado
1 copo de leite
1 caixinha de creme de leite (200g)
sal
4 ovos

FORRE UMA FÔRMA COM O PÃO. Bata os ovos com o leite, o creme de leite, o sal, o queijo e o presunto. Coloque a mistura por cima das fatias de pão. Cubra a fôrma com papel-alumínio e leve ao forno por 20 minutos. Tire o papel e deixe mais alguns minutos para dourar. Está pronto!

Sanduíche de pastrami e agrião

manteiga
manjericão fresco ou salsinha
alho e cebolinha bem picados
orégano
pastrami
pão de sanduíche

A MANTEIGA DE ERVAS:

Retire a manteiga da geladeira e deixe amolecer. Pique um pouco de manjericão fresco, ou salsinha, e misture bem à manteiga, levando-a à geladeira para ficar firme de novo. Você também pode fazer a manteiga com alho picado, cebolinha, orégano etc.

Passe manteiga de ervas em duas fatias de pão de sanduíche. Borrife com um pouco de vinagre balsâmico. Coloque fatias de pastrami e folhas de agrião. Importante usar apenas as folhas, pois o gosto fica mais delicado. Feche o sanduíche e sirva num prato decorado com ramos de agrião e tomatinhos-cereja.

Sanduíche de peito de peru com rúcula

iogurte
rúcula
fatias de peito de peru defumado
orégano
azeite de oliva
pimenta-do-reino
pão de sanduíche

ESTE É UM SANDUÍCHE de baixa caloria.

Faça uma pasta com iogurte, algumas gotas de azeite de oliva, pimenta-do-reino e orégano. Passe esta pasta sobre as fa-

tias de pão de sanduíche. Coloque fatias de peito de peru defumado, folhas de rúcula, finas fatias de tomatinho-cereja e um fio de vinagre balsâmico sobre as fatias e feche o sanduíche. Enfeite com folhinhas de manjericão.

Sanduíche de quatro queijos

queijo fundido
queijo gorgonzola
requeijão tipo catupiry
queijo parmesão ralado
orégano
maionese
pão de sanduíche

Numa frigideira bem quente, com pouco óleo, misture queijo fundido (gruyère), gorgonzola, uma colher de requeijão e queijo parmesão ralado; misture até formar uma pasta homogênea. Passe a mistura dos quatro queijos numa fatia do pão de sanduíche, polvilhe com orégano e pimenta-do-reino. Feche o sanduíche, passe uma fina camada de maionese sobre a fatia de cima, polvilhe com queijo parmesão ralado e leve ao forno, até gratinar. Enfeite com um palitinho, espetando uma rodela de cenoura e uma cereja.

Suflê fácil à calabresa

(6 pessoas)

1 xícara de leite
200g de lingüiça calabresa
3 ovos
1/3 de xícara de pimentão vermelho
½ xícara de cebola
3 fatias de pão de fôrma sem casca

1 pacotinho de fermento
sal e mais pimenta (a lingüiça já é apimentada) a gosto

BATA TODOS OS INGREDIENTES NO LIQUIDIFICADOR. Tempere a gosto e distribua a mistura em 6 forminhas refratárias individuais, untadas. Asse em forno moderado, por 30 minutos, até que a massa esteja crescida e firme. É uma ótima entrada ou refeição leve para ser servida acompanhada por uma salada.

Tomates gratinados com couve-flor

(6 pessoas)

6 tomates grandes
1 lata de atum
1 couve-flor
queijo parmesão ralado
2 colheres de sopa de maionese
1 cebola picada
1 colher de sopa de farinha de trigo
200g de nata

CORTE UMA TAMPA DE CADA TOMATE e retire o miolo. Arrume em um prato refratário. Misture o atum com a maionese e o queijo parmesão ralado e recheie cada tomate. Cozinhe os ramos da couve-flor e coloque-os no refratário, entre os tomates, de maneira a cobrir os espaços existentes. Em uma frigideira, refogue a cebola, logo após acrescente a farinha e a nata. Deixe cozinhar por um ou dois minutos e despeje este molho sobre os tomates e a couve-flor. Cubra tudo com o queijo parmesão e leve ao forno para gratinar por aproximadamente 20 minutos. Depois é só servir.

VOLTAREMOS!
Iotti

Sensualidade à mesa

Mais de uma vez em O Leopardo (Il Gattopardo*), o livro maravilhoso de Giuseppe Tomasi di Lampedusa – transformado num filme soberbo por Visconti –, soam as sinetas chamando para o jantar e aparecem mesas postas com esmero, magníficas travessas fumegantes carregadas por empregados uniformizados, gelatinas em forma de torre, garrafas esplêndidas, comensais discretos disfarçando sua gula voraz com expressões inapetentes, respeitosamente esperando pelo Príncipe, em pé, atrás das cadeiras.*

As refeições no palácio do Príncipe de Salina são solenes e rituais como um culto, a comida é abundante e refinada.

Mas, na noite em que Angélica surge no romance, a sensualidade mistura-se com os sabores do jantar. "...a porta se abriu e entrou Angélica. A primeira impressão foi de deslumbrada surpresa. Os Salina perderam a respiração; Tancredi chegou a sentir como se lhe pulsassem as veias das têmporas. Ela era alta e bem-feita, sua carne devia possuir o sabor da nata fresca, a boca infantil teria o sabor de morangos..." Visconti recriou essa cena no cinema com mágica delicadeza. Angélica (Cláudia Cardinalle) vive um jogo sutil de cativante sedução com o Príncipe (Burt Lancaster) e Tancredi (Alain Delon), num jantar que é a primeira refeição da família na casa de veraneio de Donnafugata. Tancredi, "que sorria transtornado", só tinha olhos para Angélica, aquela mulher luminosa que ofuscava a tudo o mais com sua beleza.

O cardápio do jantar foi timballi di maccheroni, monumentais pastelões recheados com macarrão e molho. A fragrância de açúcar e de canela libertava-se do interior quando a faca esquartejava a crosta, na bela imagem de Lampedusa: "Irrompia primeiramente um vapor carregado de aromas, escorregavam depois os miúdos de galinha, os fragmentos de ovo duro, os filetes de presunto, de frango e de trufas que se misturavam na massa untuosa, quentíssima de macarrão curto, a que o caldo de carne dava uma preciosa cor de camurça". As emoções sucediam-se à mesa. Depois de Angélica, os timballi agora deslumbravam os convivas, que mal podiam se conter. A muito custo esperaram pela bênção do Vigário. O próprio Vigário parecia enfeitiçado: fez o sinal-da-cruz e "se lançou de ponta cabeça no macarrão sem dizer palavra".

O Príncipe, absorto na contemplação de Angélica, não deixou de observar que os convivas "não percebiam que a comida parecia a eles tão suculenta porque uma aura de sensualidade tinha penetrado na casa".

J.A.P.M.

ANEXO:

100 RECEITAS DE COZINHA VENEZIANA

Biblioteca da Família/ Milão:
Sociedade Editora Sonzogno, 1908

Colunas robustas

Como tantas outras coisas maravilhosas do mundo, aqui, tudo começou em Veneza, a jóia rara da região do Vêneto, na Itália. Do Vêneto vieram os imigrantes (ou emigrantes, dependendo da perspectiva), que trouxeram o sotaque italiano e, muito especialmente, sua poderosa cozinha para muitos lugares do Brasil e para a Serra Gaúcha, em particular. Iotti e/ou Radicci foram criados com os sabores substanciais daquela cozinha rústica e vigorosa, onde não faltam tortelli, pien, cren, pão de milho, uvada e muito vinho.

O documento que se reproduz a seguir é histórico. Tratase de um antigo manual italiano de culinária, de 1908, trazido por um antigo imigrante – *100 ricette di cucina veneziana* – preservado com carinho por Ana Maria e João Carlos, os simpáticos proprietários do Casacurta, um hotel encantador de Garibaldi: "Se você precisa dar de comer a pessoas de estômago débil, anêmicas ou que têm o palato delicadíssimo, este manual não lhe serve. A cozinha veneziana é feita de colunas robustas de pratos muito substanciosos". A apresentação do manual é assinada por "Sior Zamaria da le Fritole", que previne com modéstia e sonoridade intraduzível: "Osservo finalmente che tutti i piatti della cucina veneziana sono di una semplicità assolutamente primitiva..." A simplicidade na cozinha, como gostava de dizer Curnonski, é uma meta e não um defeito. Essa simplicidade essencial é a alma da culinária cativante dos descendentes vênetos que povoam a Serra Gaúcha.

O galeto, hoje popularizado e quase obrigatório na região, surgiu como sucedâneo de um costume insólito: a passarinhada, tradição italiana de alguns lugares do norte, trazida pelos imigrantes, de comer passarinhos assados. Não sobrou um único passarinho na serra depois da chegada dos colonos italianos – diziam com certa maldade e algum realismo seus rivais, os antigos colonos alemães que se instalaram no Vale do Sinos. Por falta de passarinhos, ou por opção, o fato é que os habitantes da Pequena Itália gaúcha passaram a usar franguinhos muito novos, os galetos, que nos bons lugares, assadinhos e crocantes, realmente lembram os canarinhos e rouxinóis do passado, de tão pequenos que são. Na maioria dos restaurantes da Pequena Itália gaúcha, o galeto é o prato forte, com seus acompanhamentos: a sopa de cappelletti, a massa, a polenta, o radicci com bacon, a maionese de batata, além de suplementos como lingüiça frita, copa, salame, queijos. Esse cardápio farto e singelo é uma síntese exemplar das tais "colunas robustas de pratos muito substanciosos" do manual de receitas do Vêneto.

J.A.P.M.

Duas palavras para as donas de casa

Se você precisa dar de comer a pessoas de estômago débil, anêmicas ou que têm o palato delicadíssimo, este manual não lhe serve. A cozinha veneziana é feita de colunas robustas de pratos muito substanciosos.

O segredo principal da nossa cozinha está nos chamados soffritti[1]*, que só quando adquirem uma cor de ouro devem ser retirados do fogo, emanando aquele perfume especial que as donas de casa competentes conhecem na prática.*

Como a cozinha veneziana prefere o risoto suculento, é bom saber que os risotos se cozinham todos do mesmo modo: despejar o arroz cru no recipiente que contém a substância pronta para lhe dar o nome e, para completá-lo, prefira sempre terminar o cozimento com um bom caldo de carne em vez de com água fervente, mesmo que se trate de... risoto de magro!

Isso não quer dizer – especialmente quando se trata de sopa com verdura – que não se possa torná-la igualmente saborosa acrescentando mais quantidade de caldo.

Observo finalmente que todos os pratos da cozinha veneziana são de uma simplicidade absolutamente primitiva; que o olho experiente da dona de casa saiba regular as quantidades e o tempo de cozimento.

Salvete, ou – se preferir – aos guardanapos!

Sior Zamaria da le Fritole

Veneza, julho de 1908

1.Soffritti, plural de soffritto, que significa refogado de cebola e ervas aromáticas, feito lentamente, em fogo baixo, com óleo, manteiga e um pequeno pedaço de toucinho. (N. do T.)

1. Risoto com cordeiro

(Risi in cravoman)

Em um refogado de manteiga e cebolas em fatias, colocar vários pedaços de espinhaço de cordeiro, de preferência gordo.

Quando tiverem tomado cor, acrescentar alguns tomates sem pele e sem sementes e dois pedacinhos da chamada canela em cana (cassialignea), e deixar cozinhar por duas horas, acrescentando algumas colheres de caldo.

Despejar o arroz cru no recipiente, tirar o osso dos pedaços de cordeiro, mexer continuamente, tendo cuidado para que o arroz não grude, e acrescentar de vez em quando um pouco de caldo fervendo, até que o risoto esteja cozido. Acrescentar queijo parmesão e servir.

2. Arroz com mexilhões

(italiano: *mitili;* latim: *mitilus gallo provincialis)*

Abrir os mexilhões ainda crus e, sem as cascas, colocá-los em uma tigela junto com a água que eles trazem. Separadamente, fazer um refogado com igual quantidade de manteiga e óleo, e três dentes de alho. Quando o alho estiver corado, deitá-lo fora e substituí-lo por salsa picada.

Despejar o arroz cru no refogado, acrescentando aos poucos caldo de carne ou água fervente, mexendo sempre.

Decorrendo três quartos do tempo de cozimento, colocar os mexilhões, seguindo o mesmo esquema, até que esteja pronto.

Polvilhar queijo ralado e servir.

Advertência para todos os risotos: se o caldo de carne for substituído por água, será necessário aumentar a quantidade de manteiga.

Da mesma maneira, pode-se fazer o risoto com outros moluscos bivalves como as amêijoas (italiano: *cuore edule*; latim: *cardium edule*), as ostras ou as chamadas amêijoas de casco mole.

3. Enguia ao molho

(Bisato in tecia)

Em uma enguia viva, fazer cinco ou seis cortes circulares, tendo cuidado para que as partes não se separem. Depois, mergulhá-la no vinagre, ao qual se tenha acrescentado algumas folhas de louro, durante algumas horas.

Preparar um refogado com óleo e manteiga, alho e salsa, e, quando estiver no ponto, acrescentar a enguia previamente envolvida em pão ralado. Quando ela estiver corada dos dois lados, acrescentar um dedo de vinagre, molho de tomate e meio copo de marsala[2].

Quando o molho estiver concentrado o suficiente, servir.

Em Veneza, esse prato é muito utilizado para servir de molho à polenta.

4. Macarrão à veneziana

(Macaroni a la veneziana)

Cozinhar em um recipiente largo um litro de leite; quando estiver fervendo, acrescentar um pouco de sal e pouco a pouco farinha branca, mexendo sempre, até obter uma massa muito tenra, que se desprenda facilmente das paredes do próprio recipiente.

Tirar do fogo, colocar dois ovos e cinqüenta gramas de manteiga, mexendo sempre; quando a massa estiver suficientemente fria, moldá-la em pequenos bastões que em seguida são cortados em pedacinhos, aos quais se dá uma forma alongada e oca, passando-os um a um com os dedos no reverso do ralador (veneziano: *grattacasa*). Levar ao fogo um recipiente grande, cheio de água. Pôr sal e, quando ferver, colocar um pouco de cada vez os macarrões, que devem ser tirados da água e escorridos quando vêm à superfície.

2. Vinho forte e licoroso, elaborado na Sicília. (N. do T.)

Servir temperado com manteiga e muito queijo parmesão. É um alimento apetitoso e delicadíssimo.

5. Lula ao molho

(Sepe in tecia)

De pequenas lulas suficientemente lavadas, tirar os olhos, a boca e o osso.

Fazer um refogado de manteiga, óleo, alho e salsa e, quando o alho estiver corado, deitá-lo fora e colocar as lulas.

Acrescentar alguns pedaços de limão, um copo de vinho branco e deixar cozinhar por uma hora.

Come-se com polenta.

6. Torta de polenta

Preparar um *ragoût* com um refogado de cebola e manteiga, aipo, cenouras, cogumelos secos, tomate, colocando nele sobras de frango e algum pedaço de carne de vitelo. Acrescentar meio copo de vinho branco.

À parte, fazer uma polenta de farinha fina de milho, tendo cuidado para que fique mais mole.

Cortar a polenta em fatias finas e dispô-las em camadas numa terrina, alternando-as com camadas do ragoût e parmesão.

7. Bisato sull'ara[3]

É o prato dos muraneses, conhecido por sua delicadeza.

Em um recipiente largo de cobre, dispor uma camada de folhas de louro, e colocar sobre ela uma ou mais enguias cortadas em pedaços, tendo o cuidado de que um pedaço não se destaque

3. Enguia ao forno. Ara é a parte superior dos fornos em que se funde vidro em Murano e que se chamam fornos de arrefecimento. (N. do T.)

do outro. Salgar, acrescentar um pouco de água e cobrir com uma outra camada de tiras de toucinho.

Levar ao forno não muito quente, até cozinhar.

8. Linguado ao molho

(Sfogi in saor)

Fritar, depois de passar na farinha, em óleo fervente, linguados de tamanho mediano.

À parte, fazer um refogado com óleo e muita cebola. Quando esta estiver corada, acrescentar uva málaga e *pignoli*[4] cortados miúdos. Completar a mistura com meio litro de vinagre, fazer ferver por alguns minutos, depois verter o molho sobre os linguados e deixá-los assim por vinte e quatro horas, antes de servir.

É o prato tradicional da vigília veneziana do Redentor, durante a qual ele é feito em grande quantidade.

9. Bacalhau desmanchado

(Bacalà mantecato)

Bater bem o *stoccafisso*[5], colocá-lo em banho na água pura por dez ou doze horas. Assim que for tirado da água, retirar as escamas e todos os espinhos, colocando-o depois novamente em um recipiente com água.

Levar ao fogo e retirá-lo quando estiver para ferver e produzir bastante espuma. Então, escorrê-lo, colocá-lo numa terrina e mexê-lo com uma colher, acrescentando gota a gota muito óleo de oliva de boa qualidade, sal e salsa picada. Não se deve parar de misturar antes do bacalhau ficar reduzido a uma pasta.

10. Frango ao molho

(Polastro in squaquaciò)

Fazer um refogado de cebolas cortadas em fatias, manteiga

4. Sementes de Pinus pinea, espécie de pinheiro comum no Mediterrâneo. (N. do T.)
5. Bacalhau não-salgado e seco ao ar livre. (N. do T.)

e um pouco de toucinho. Acrescentar aipo, cenoura, cogumelos secos, molho de tomate, e depois colocar um ou dois frangos cortados em pedaços. Banhar com vinho branco e servir com fatias de polenta.

11. Lasanha

Com água e sal, levar a três quartos do cozimento uma certa quantidade de massa para lasanha. Depois, em um recipiente de ferro, fazer um refogado de óleo e alho.

Pronto este último, colocar as massas em camadas, alternando-as com uva málaga, *pignoli* e pedacinhos de cidra cristalizada.

Cobrir e levar ao forno ou completar o cozimento com *fuoco sotto e sopra* [6].

12. Beringelas ao molho

Tirar a pele e as sementes das beringelas, cortá-las em fatias finas e estendê-las sobre um plano inclinado, cobrindo-as com sal a fim de que percam a água. Depois, passá-las na farinha e fritá-las.

Separadamente, preparar um refogado de manteiga, óleo, alho e salsa. Tirar o alho e colocar as beringelas, acrescentando tomates descascados, dos quais se tiraram as sementes.

Deixar reduzir pela metade e servir.

13. Pato recheado

(Anara col pien)

Eviscerado um pato de tamanho médio, pegar o fígado e triturá-lo junto com outro pedaço de fígado de vitelo e toucinho

6. Fogo abaixo e acima. Maneira antiga de cozinhar, em que algumas brasas são colocadas também sobre a tampa da panela. (N. do T.)

magro, acrescentando queijo ralado, algumas folhas de tomilho e manjerona, pão ralado e um ovo inteiro.

Encher o pato com essa mistura, costurar a abertura e assar, untando-o com manteiga e colocando sobre ele fatias de toucinho.

14. Carne estufada

(Pastizzada)

Fazer pequenos cortes sobre um pedaço de quarto de novilho e introduzir neles dois dentes de alho, dois cravinhos e um maço de casca de canela. Depois, colocar de molho no vinagre por oito ou dez horas. Fazer um refogado de manteiga e cebola, colocar a carne sobre ele, acrescentando um copo de vinho branco e um copo de marsala[7] .

Cobrir o recipiente com papel absorvente e deixar no fogo até o completo cozimento.

15. Fígado à veneziana

(Figà alla veneziana)

Colocar em uma frigideira larga igual quantidade de óleo e manteiga, cebola cortada em fatias, salsa picada e o fígado cortado em pequenos pedaços.

Levar ao fogo bem alto por poucos minutos e salgar depois de cozido.

16. Espaguete ao molho

(Bigoli in salsa)

Ferver em água e sal os espaguetes, preferindo aqueles de massa um pouco escura.

7. Vinho forte e licoroso, elaborado na Sicília. (N. do T.)

Num recipiente separado, fazer um refogado de óleo, manteiga e cebola e, quando esta estiver corada, colocar três ou quatro sardinhas salgadas, deixando cozinhar até que elas se desmanchem.

Colocar depois o molho sobre os espaguetes escorridos.

17. Bolinhos fritos

(Fritole)

Dissolver um pouco de fermento de Viena em água e misturá-lo com a quantidade desejada de farinha branca finíssima. Conforme a estação do ano, colocar um recipiente de madeira contendo a massa mais ou menos próximo ao fogo. Quando começar a crescer, acrescentar uva málaga, *pignoli*, cidra cristalizada e um ou dois copos de licor, misturando com força e fazendo de forma que, colocando mais farinha, a massa fique semilíquida.

Colocar novamente próximo do calor, cobrindo-a com um pano, até crescer novamente.

Tirar uma colher por vez da massa e fritar em óleo ou em banha fervente.

18. Moleche à muranesa

(Caranguejos do mar que perderam a casca coriácea)

É na ilha de Murano que se encontra o melhor moleche (caranguejo em muda, nome latino: *carcinus moenas*).

Tomá-los vivos, tirar as patas e colocá-los num recipiente em que se tenham batido alguns ovos inteiros.

Em poucos minutos, os caranguejos terão absorvido o ovo. Enfarinhá-los em seguida e fritá-los em óleo quente.

19. Feijão ao molho

(Fasioi in salsa)

Refogar em óleo dois dentes de alho e salsa picada. Quando o alho estiver corado, tirá-lo e substituí-lo por quatro ou seis sardinhas salgadas até que elas se desmanchem.

Tirar os espinhos, acrescentar meio copo de vinagre e deixar ferver.

Colocar o molho sobre os feijões brancos cozidos, cobrindo-os bem e deixando-os assim por duas horas. Depois servir.

20. Bacalhau de Vicenza

Deixar de molho na água, durante dez ou doze horas, o *stoccafisso*[8] que tenha sido bem batido com um martelo de madeira. Cortá-lo, no sentido da largura, em pedaços com uma altura de cerca de dez centímetros.

Enfarinhar e deixar à parte, até que se faça refogar em óleo alguns dentes de alho, que devem ser tirados quando corados, e um pouco de salsa.

Quando o refogado estiver pronto, colocar nele algumas sardinhas salgadas até que o calor as desmanche e faça soltar os espinhos, que devem ser retirados.

Em um outro recipiente, derreter manteiga junto com óleo e cebola e refogar. Quando a cebola estiver corada, colocar os pedaços do bacalhau, deixando-os até que tenham ganho uma bela cor.

Abrir cada um dos pedaços e colocar dentro o molho de sardinha já preparado. Recolocá-los na frigideira sem mexer muito, para que não se rompam.

Acrescentar água, caldo ou leite e deixar cozinhar lentamente por duas horas.

8. Bacalhau não-salgado e seco ao ar livre. (N. do T.)

21. Arroz com tripas

Pegar um pedaço de tripa grossa de vitelo, previamente cozida e muito tenra, e cortá-la em tirinhas. Em seguida fazer um picado com toucinho magro, cebola e algumas folhas de alecrim.

Quando o picado estiver desmanchado, colocar as tripas e deixar cozinhar até que elas comecem a corar. Colocar então o arroz cru e mexer continuamente, acrescentando, de vez em quando, um bom caldo e queijo parmesão.

22. Sopa de amêijoa

Aprontar na sopeira algumas fatias de pão fritas no óleo.

À parte, refogar no óleo um dente de alho e muitas folhas de salsa picada; tirado o alho depois que estiver corado, colocar as chamadas amêijoas[9] (italiano: *cuore edule*, latim: *cardium edule*) a fim de que se abram com o calor; depois, colocar tudo sobre as fatias de pão, acrescentando a quantidade necessária de caldo de carne fervendo e cobrindo a sopa com queijo parmesão.

23. Fongadina

Fazer ferver na água, por não mais de dez minutos, miúdos de vitelo, que depois se cortam em pequenos pedaços.

Separadamente, na mesma proporção entre óleo e manteiga, refogar um pouco de alho e salsa. Tirado o alho, colocar os pedacinhos dos miúdos, salgar e acrescentar molho de tomate dissolvido em caldo de carne, deixando cozinhar por algumas horas, até que o volume tenha reduzido bastante.

9. Molusco bivalve do Atlântico e do Mediterrâneo. (N. do T.)

24. Atum ao molho

(Ton in tecia)

Em partes iguais de manteiga e óleo, refogar uma cebola cortada bem fininha. Quando estiver corada, colocar na caçarola uma bela posta de atum ligeiramente enfarinhada.

Quando o atum, por sua vez, tiver adquirido uma bela cor, acrescentar duas ou três sardinhas salgadas das quais se tenha tirado a espinha, alguns tomates sem pele e sem sementes, salgar, banhar com um copo de vinho branco e deixar cozinhar em fogo brando.

25. Risoto à sbiraglia[10]

Tomar um ou dois frangos bem jovens e, depois de limpá-los e lavá-los, cortar em pequenos pedaços.

Separadamente, refogar com manteiga uma cebola cortada bem fininha; quando estiver corada, colocar os pedaços do frango e deixar cozinhar por quinze minutos; acrescentar depois o arroz e, mexendo continuamente, adicionar caldo de carne ou água fervente e muito queijo parmesão até que o arroz esteja cozido, cuidando para que ele adquira a densidade do risoto.

26. Fundos de alcachofra

Tomar algumas alcachofras bem grossas e, com uma faca bastante afiada, tirar delas todas as folhas, deixando-as como uma maçã descascada.

Com um corte preciso, tirar o fundo de cada uma das alcachofras, na altura um pouco abaixo daquela espécie de lanugem que elas produzem quando estão bem maduras, e colocá-los em água fresca, a fim de que não escureçam.

10. Chama-se assim porque os antigos policiais (*sbirri*), quando davam busca nas casas por causa de algum delito, tinham o louvável hábito de acabar com os frangos e, durante seu trabalho, fazer o risoto. (N. do T.)

À parte, fazer um refogado de óleo com alho e salsa, depois colocar nele os fundos cortados em pedacinhos. Servir quando tiverem adquirido uma coloração avermelhada.

27. Arroz com batatas

Fazer um refogado com toucinho magro, cebola e folhas de alecrim, depois colocar as batatas cortadas em pequenos pedaços e deixar que tomem cor. Acrescentar então o arroz e mexer continuamente, colocando aos poucos caldo e queijo parmesão, procedendo da mesma maneira que com os outros risotos.

28. Massa com ervilhas

(Paste conse coi bisi)

Preparar as ervilhas com um refogado de toucinho magro, salsa e cebolinhas frescas, mantendo o fogo baixo até que elas adquiram uma bonita cor.

Separadamente, cozinhar em água e sal uma massa, de qualquer qualidade, que – quando bem escorrida – se coloca num recipiente sobre o qual se vertem as ervilhas. Cobrir em seguida com manteiga derretida e muito queijo. Servir.

29. Fígado agridoce

(Figa garbo e dolze)

Cortar o fígado de gado em fatias longas e finas, passá-las em ovo batido e em pão ralado. Fritar na manteiga, depois acrescentar suco de limão, no qual se tenha dissolvido um pouco de açúcar, e servir.

30. Camarão ao alho e óleo

Colocar os camarões (italiano: *crangone*, latim: *crangon vulgaris*) em um recipiente com água e sal que, exposto ao fogo, será retirado quando em sua superfície tiver se formado bastante espuma. Escorrer e colocar em uma terrina, com muito azeite, alho e salsa picada.

É um prato muito gostoso e genuinamente popular.

31. Costeletas ao molho

(Costesine in tecia)

Preparar couves lombardas cortadas bem fininhas com um refogado de toucinho magro e folhas de alecrim.

Quando soltarem água, acrescentar as costeletas de porco cortadas em pedaços.

Deixar reduzir por umas duas horas e servir quentíssimo.

32. Tainha à muranesa

Colocar as tainhas (dialeto: *caustelli;* italiano: *muggine calamita;* latim: *mugis capito*) em uma frigideira que contenha sal, um pouco de óleo e algumas folhas de louro.

Coberto o recipiente, levar ao forno ou cozinhar com *fuoco sopra e sotto*[11].

Na metade do cozimento, borrifar com vinagre e servir quente.

33. Arroz com ervilhas

Colocar as ervilhas para cozinhar com um refogado de toucinho magro, cebolinha e salsa; acrescentar um pedaço de

11. Fogo abaixo e acima. Maneira antiga de cozinhar, em que algumas brasas são colocadas também sobre a tampa da panela. (N. do T.)

manteiga e deixar cozinhando em fogo lento, banhando sempre com caldo até que as ervilhas tenham diminuído pela metade. Colocar o arroz, mexendo sempre e acrescentando caldo fervendo e queijo parmesão, e proceder como para os outros risotos.

34. Fitas

(Galani)

A meio quilo de farinha branca de primeira qualidade acrescentar dois ovos inteiros, trinta gramas de manteiga, dez gramas de açúcar baunilhado, uma pitada de sal e um copinho de rum ou licor.

Acrescentar ao acaso algumas gotas de água e manipular a massa até que ela fique fofa.

Depois, reduzir a massa a folhas finas, como se faz com os talharins, e cortá-las em longas tiras que se atam como se fossem fitas. Por fim, fritá-las em óleo ou banha fervendo e cobri-las com açúcar.

35. Nhoque alemão

Cortar um pão velho em pequenos cubos. Cortar também, em quadradinhos, toucinho, toucinho magro e uma grossa fatia de presunto.

Dissolvidos esses ingredientes em fogo moderado, frita-se neles o pão e, tirando tudo do fogo, acrescentam-se farinha branca e pão ralado, até obter uma massa não muito dura. Completar com queijo parmesão, salsa picada e um ou dois ovos crus, inteiros.

Misturar até que o composto esteja amalgamado e fazer bolotas do tamanho de uma noz grande, que se colocam na água fervente com um pouco de sal.

Depois de meia hora, tirar do fogo, escorrer e temperar com manteiga e queijo.

36. Arroz com uva

(Risi co la ua)

Fazer um refogado de alho, salsa e óleo. Tirado o alho depois de corado, acrescentar uma certa quantidade de uva málaga, previamente lavada em água morna. Colocar o arroz, que é cozido acrescentando-se, de vez em quando, água fervente e queijo parmesão, sempre mexendo.

37. Sardinhas ao molho

(Sardelle in saor)

Fritar em óleo fervendo sardinhas grandes enfarinhadas.

Refogar à parte, num bom azeite de oliva, muita cebola fatiada; quando esta tiver adquirido uma bela cor de ouro, acrescentar vinagre, *pignoli*, uva málaga e pedacinhos de cidra cristalizada. Depois, despejar o molho quente sobre as sardinhas, cobrir e deixar esfriar por algumas horas. É o prato predileto do povo veneziano durante a chamada festa do verão.

38. Osei scampai

Numa frigideira, colocar óleo e manteiga na mesma quantidade, três ou quatro sardinhas salgadas e algumas folhas de sálvia. Refogado tudo, temos um molho no qual o zé-povinho, por razões... econômicas, costuma umedecer as fatias da sua habitual polenta.

39. Massa com feijão

(Paste e fasioi)

Colocar num recipiente óleo, cebola, água fria e feijões secos, depois colocar tudo no fogo, acrescentando de vez em quando água fria, para facilitar o cozimento.

Quando os feijões estiverem quase cozidos, acrescentar a massa e finalmente sal e queijo.

É um outro prato muito apreciado pelo povo.

40. Risoto de camarão

Colocar na água fria uma certa quantidade de camarão e levar ao fogo bem alto.

Quando surgir espuma na superfície, tirar os camarões, escorrê-los e triturá-los bastante no pilão. À parte, fazer um refogado com óleo, alho e salsa e, quando ele estiver pronto, colocar o arroz, ao qual são acrescentados os camarões passados numa peneira e caldo de carne.

Ganhando a densidade do risoto, completa-se com queijo parmesão.

41. Molho de peixe à grega

Fazer o refogado de costume com óleo, alho e salsa. Quando ele estiver corado, dispor em cruz no recipiente várias camadas de pequenas sardinhas frescas, colocando sal e um pouco de pimenta sobre cada camada.

Acrescentar suco de limão e deixar cozinhar com *fuoco sotto e sopra*[12], ou melhor, no forno não muito quente.

12. Fogo abaixo e acima. Maneira antiga de cozinhar, em que algumas brasas são colocadas também sobre a tampa da panela. (N. do T.)

42. Arroz com enguia

Preparar o refogado com óleo, alho e salsa e, quando estiver bem corado, colocar a enguia cortada em pedaços, acrescentando uma folha de louro e algumas gotas de suco de limão.

Quando a enguia estiver quase cozida, acrescentar o arroz e um pouco de água ou caldo de carne, fervendo de vez em quando. Serve-se com pouco queijo.

É um prato que os venezianos fazem para a véspera de Natal e que é bastante pesado.

43. Arroz ao *cagnon*[13]

Cozinhar o arroz com água e sal e, quando estiver cozido, escorrer e colocá-lo numa terrina.

Acrescentar, um pouco por vez, pedaços grandes de manteiga, mexendo sempre. Quando a manteiga estiver completamente derretida e incorporada ao arroz, acrescentar muito queijo parmesão.

44. Polenta a boconi

Preparar uma polenta que fique mais tenra, com farinha de milho de primeira qualidade. Com uma colher de madeira molhada, tirar um pouco por vez da polenta e dispô-la em camadas na terrina. Sobre cada uma das camadas, colocar uma mistura de três quartos de açúcar, um quarto de canela pulverizada e muita manteiga derretida, bem quente.

Muitos substituem o açúcar e a canela por uma boa quantidade de queijo parmesão.

13. (sic) Nome intraduzível. (N. do T.)

45. Pé de porco com couve lombarda

Cozinhar em água fervente, até a metade do cozimento, um ou mais pés de porco salgados. À parte, com toucinho picado, cebola e alecrim, cozinhar as couves lombardas cortadas bem finas. Quando elas começarem a soltar água, acrescentar os pés de porco e deixar tudo cozinhar em fogo baixo, até que as couves fiquem bem reduzidas.

46. Alcachofra

Tirar as pontas das folhas de algumas alcachofras de tamanho médio, abri-las de modo a afastar uma folha da outra e, nos espaços, colocar uma mistura de alho e salsa picados, acrescentando sal e pimenta.

Colocá-las com as pontas para cima numa torteira, cobri-las com um bom azeite de oliva e levar ao forno até que adquiram uma bela cor.

47. Risoto com abobrinha

Deixar pegar cor, com um picado de toucinho magro, toucinho e cebola, as abobrinhas (*courgettes*) cortadas em pedacinhos, mantendo tudo no fogo.

No momento oportuno, acrescentar o arroz, alguns pedaços de pele de porco previamente cozida, um bom caldo de carne e queijo ralado e proceder como para os outros risotos.

48. Pato do vale

(Masoro alla valesana)

Eviscerar um pato selvagem bem tenro e colocá-lo no vinagre junto com folhas de tomilho e manjerona, por dez ou doze horas. Depois, colocá-lo num recipiente com toucinho e manteiga, assá-lo até a metade do tempo de cozimento e então cortá-lo em pedaços.

Separadamente, num refogado de manteiga e cebola, colocar três ou quatro sardinhas salgadas, quinze gramas de alcaparras no vinagre, tirar as espinhas da frigideira e acrescentar os pedaços de pato, banhando-os com um copo de vinho branco.

Deixar reduzir e servir bem quente.

49. Osei scampai

(2ª maneira)

Cortar fatias finíssimas de escalope de vitelo e enfiá-las num espetinho, intercalando com elas fatias de toucinho e folhas de sálvia.

Colocar em um recipiente com muita manteiga e deixar cozinhar em fogo moderado.

50. Bacalhau a la luganeghera

(À moda do salsicheiro)

Pegar um *stoccafisso*[14] que tenha estado de molho por pelo menos doze horas. Cortá-lo em pequenos pedaços e deixá-los fritar por alguns minutos com óleo e cebola, sal e pimenta.

51. Lesmas

(Bovoleti)

Pegar as pequenas lesmas, preferivelmente coletadas nos terrenos em que se cultiva alface, e colocá-las por algumas horas em um recipiente com água fria, até que percam a viscosidade.

14. Bacalhau não salgado e seco ao ar livre. (N. do T.)

Tiradas dali e novamente lavadas, levá-las ao fogo em água fria. Quando na superfície surgir uma espuma abundante, escorrê-las e temperá-las com muito óleo, bastante sal refinado e alho e salsa triturados.

Certamente não é um prato aristocrático, mas é muito gostoso.

52. Arroz com funcho

Cortar em pedacinhos os funchos, que devem ser novos e tenros, e colocá-los na frigideira com manteiga e cebola picada, deixando cozinhar em fogo alto até que ganhem cor.

Quando for o momento, acrescentar no mesmo recipiente o arroz, misturá-lo com caldo, colocar sal e queijo parmesão como para os outros risotos, e completar o cozimento com fogo moderado.

53. Cordeiro ao molho

Pegar um pedaço de quarto de um bom cordeiro e, depois de feito um refogado com manteiga, um pouco de toucinho picado e cebola, colocar nele o cordeiro e deixar em fogo alto até que ganhe cor.

Acrescentar depois aipo e cenoura cortados, alguns pedaços de cogumelos secos que se deixou de molho em água morna e sal e cobrir a caçarola com papel absorvente. Deixar cozinhar em fogo baixo por umas duas horas.

Acrescentar por último um dedo de vinho branco, levar novamente ao fogo por um momento e servir bem quente.

54. Arroz com alface

Pegar um pé de alface, do qual devem ser tiradas as folhas mais verdes, e cortá-lo em pequenos pedaços a fim de dissipá-lo num picadinho de toucinho, manteiga e cebola.

Quando tudo tiver adquirido uma bela cor, acrescentar o arroz e proceder, com caldo de carne e queijo, da mesma forma que com os outros risotos.

55. Língua ao molho

Cozinhar uma língua de vitelo. Na metade do tempo de cozimento, tirar do fogo, retirar a pele da língua, enfarinhar a língua e deixá-la ganhar cor num refogado de manteiga e cebola.

Quando estiver corada em todos os lados, acrescentar duas ou três sardinhas salgadas, dez gramas de alcaparras em conserva e meio copo de vinho branco forte. Quando o cozimento estiver completo, reduzir o molho e servir.

56. Bife na grelha

(Brisiole su la grela)

Pegar alguns bifinhos de cordeiro e, em primeiro lugar, batê-los bem com um martelo, a fim de que fiquem mais macios. Depois de untados com manteiga, assá-los na grelha, tendo o cuidado de virá-los sempre.

À parte, mistura-se manteiga com salsa triturada bem fininha e uma gema de ovo cozido. Quando estiverem ainda bem quentes, untar os bifinhos com essa manteiga e servir em seguida.

57. Fígado na reticella

(Figà col redeselo)

Envolver algumas fatias de fígado de porco com outros pedaços de *reticella*[15] desse mesmo animal, introduzindo em cada um desses embrulhos duas folhas de sálvia.

Fritar esses embrulhos na manteiga em fogo alto, tendo o cuidado de salgar somente quando forem à mesa, quando se deve ter cuidado para que não endureçam.

58. Cabeça agridoce

Ferver em água e sal uma cabeça de vitelo. Tendo passado três quartos do cozimento, tirá-la da água e remover todos os ossos, cortando-a depois em pedaços.

Preparar à parte um molho com manteiga, no qual se faz corar uma cebola, acrescentando pão ralado, meio copo de vinagre e dez gramas de açúcar refinado.

Colocar os pedaços da cabeça no molho, banhar com algumas colheres de caldo e, quando o sumo estiver reduzido, servir bem quente.

59. Broeto[16]

É, com algumas variações, a sopa de peixe feita em Gênova, Livorno e Nápoles.

Num recipiente grande o suficiente, colocar uma ou duas cabeças de escorpena (italiano: *scorpena rossa;* latim: *scorpaena scrofa*), meia dúzia de capões (italiano: *caponi;* latim: *trigla art*), uma cabrinha (italiano: *capone gallinella;* latim: *trigla corax*) e

15. Membrana abdominal do porco. Evita que os pedaços de carne nela embrulhados ressequem e garante que eles mantenham o máximo do seu sabor. (N. do T.)

16. O autor deve estar se referindo a *brodetto* (caldeirada). (N. do T.)

cem gramas de camarão (italiano: *crangone*; latim: *crangon vulgaris*) e de gobião (italiano: *chiozzo gò*; latim: *gobius lota*).

Deixar as cabeças ferverem com água, meio limão e dois tomates inteiros, por uma hora, e os peixes inteiros por quinze minutos.

Separadamente, cozinhar uma tainha (italiano: *muggine chelone*; latim: *mugil chelo*) e deixá-la à parte.

Fazer um refogado de óleo, manteiga, alho e salsa. Tirados as cabeças e os peixes do fogo e moídos no pilão, passá-los na peneira.

Ao refogado, acrescentar a tainha cozida separadamente, cortando-a em pedaços e tirando-lhe os espinhos e a cabeça. Juntar o caldo peneirado aos pedaços de tainha, deixar ferver e verter tudo sobre pão frito em óleo, cobrindo com queijo.

60. Bacalhau à franciscana

Cozinhar somente até a primeira fervura o *stoccafisso*[17] já banhado e, separadamente, fazer um refogado com metade de manteiga e metade de óleo, alho e salsa.

Quando o refogado estiver corado, colocar nele o bacalhau e, mexendo continuamente em fogo baixíssimo, acrescentar, um pouco por vez, um litro de leite. Quando tudo isso tiver se dissolvido, acrescentar uns trinta gramas de passas de uva e *pignoli* e servir um pouco depois.

61. Bolinhos de arroz

(Fritole de risi)

Preparar com fermento de Viena e farinha duzentos e cinqüenta gramas de fermento. Deixar cozinhar lentamente um

17. Bacalhau não-salgado e seco ao ar livre. (N. do T.)

quilo de arroz e, quando esse estiver muito cozido, misturar com o fermento feito anteriormente, acrescentando, ao acaso, um pouco de água morna.

Colocando a massa semilíquida num recipiente de madeira, expô-la – coberta com um pano – próxima ao fogo até que tenha crescido bastante.

Acrescentar então uva málaga, *pignoli* e pedacinhos de cidra cristalizada.

Esquentar o óleo e a banha até a ebulição e depois colocar neles a massa com uma colher.

Quando os bolinhos estiverem corados e inchados, tirá-los, cobri-los com açúcar e servir.

62. Sardinhas salgadas

É um prato absolutamente popular.

Limpas e bem lavadas as sardinhas salgadas, abri-las pela metade e cobri-las com muitas fatias de cebolas frescas.

Acrescentar óleo e vinagre e – para aqueles que toleram – também algumas pitadas de pimenta.

Cobri-las e deixá-las no molho por vinte e quatro horas antes de servir.

63. Tripa à trevisana

Pegar alguns pedaços de tripa de vitelo já cozida e deixada bastante tenra.

Fazer o refogado com um picadinho de toucinho, manteiga, cebola e folhas de alecrim; quando tiver adquirido uma cor avermelhada, colocar a tripa cortada em pequenas tiras e, um pouco depois, acrescentar um bom caldo de carne, no qual se molharão as fatias de pão, cobrindo tudo de queijo parmesão.

64. Castradina

Pegar um pedaço da assim chamada castradina da Dalmazia, cortá-la em pedacinhos pequenos e depois fervê-los.

Expor o recipiente ao ar fresco por dez ou doze horas. Na sua superfície vai se formar, nesse tempo, uma crosta espessa de gordura que deve ser jogada fora.

Colocar novamente o recipiente no fogo, acrescentando um pouco de água, e deixá-lo ali até o cozimento completo.

Em Veneza, na véspera da festa da Madona da Saúde (20 de novembro), o povo consome centenas de quilos dessa carne de cordeiro salgada e defumada.

65. Miolos agridoces

Cozinhar em água e sal miolos de vitelo ou de cordeiro, e cortá-los em pequenos pedaços. Envolvê-los em ovo batido, depois em pão ralado e fritá-los na manteiga.

No momento de servir, cobri-los de açúcar e espremer sobre eles meio limão.

66. Salpicão com couve-flor

(Musetto coi cavoli)

Fazer um refogado de manteiga e cebola e, quando estiver bem corado, colocar a couve-flor crua, cortada em pequenos pedaços. Quando ela tiver ganhado cor, acrescentar um salpicão de Modena, que se deixa cozinhar junto com a couve, adicionando algumas colheres de caldo.

67. Caranguejo

(Granzeole)

De um graúdo caranguejo (italiano: *granchione*, latim: *maia squinado*), previamente cozido na água e tirado do recipiente logo que se inicie a ebulição, tirar as patas e as ovas que estão na parte externa da casca, sob uma proteção móvel. Separar o corpo da casca e, nesta última, além da substância que nela já existe, colocar, como numa tigela, todos os pedaços de carne branquíssima e de coral que se encontram no corpo, que é espetado com um objeto pungente e no qual, com paciência, se procuram os pedaços referidos.

Deve-se ter o cuidado de colocar na casca todas as partes moles, jogando fora as vítreas e as coriáceas.

Temperar com óleo, pimenta e limão, mexendo a substância até que se misture com o tempero.

68. Longueirão à franciscana

(Cape longhe a la capuzina)

Fazer o habitual refogado de óleo, alho e salsa; quando tiver ganhado cor, colocar os longueirões[18] (italiano: *manicaio;* latim: *solen vagina*), que com o calor se abrem e soltam a sua água.

Deixar ferver por alguns minutos, tirar as cascas e, com o resto, ao qual se acrescenta caldo de carne, molha-se o pão.

69. Fritura seca

Triturar pedaços de carne de gado e de frango cozidos, junto com algumas fatias de salame milanês cru, sal, salsa, queijo ralado e noz-moscada. Ligar a mistura com um ou dois ovos inteiros.

Fazer pequenas bolotas em forma de pêra, enfarinhá-las e fritá-las na manteiga ou na banha.

18. Marisco da família dos solenídeos, também conhecido como navalha. (N. do T.)

70. Arroz com lula

Pegar lulas bem pequenas, das quais se tenha tirado os olhos, a boca e o osso, e lavá-las várias vezes, a fim de fazer desaparecer todo o resíduo negro que elas trazem.

Fazer o refogado de óleo, manteiga, alho e salsa; tirado o alho, colocar no refogado as lulas e cozinhá-las em fogo baixo, acrescentando vinho branco ou marsala[19].

Quando estiverem reduzidas, colocar o arroz e, acrescentando água ou caldo fervendo, fazer como com os outros risotos.

71. Pêssegos gelados

(Perseghi in giazzo)

Dividir pela metade alguns pêssegos não muito maduros, previamente submetidos a uma fervura de dois ou três minutos. No espaço deixado pelo caroço, colocar metade de uma amêndoa. Dispor num prato grande, cobrir de açúcar e verter sobre eles um copinho de anisete de Bordeaux ou de outro licor. Tampar com um prato igual e deixar no gelo por duas ou três horas.

72. Almôndegas de espinafre

Cozinhar em água e sal uma certa quantidade de espinafre e triturá-lo bem fininho. Acrescentar então sal, *pignoli*, passas de uva, pedacinhos de cidra cristalizada e ligar tudo com um ou dois ovos.

Fazer com essa mistura almôndegas que se enfarinham e fritam na manteiga, servindo-as quentíssimas.

19. Vinho forte e licoroso, elaborado na Sicília. (N. do T.)

73. Açorda ao óleo

(Panada co l'ogio)

Em um recipiente de barro não-envernizado e previamente untado com óleo, colocar pedaços de pão velho, até encher três quartos dele.

Acrescentar duas folhas de louro, um dente de alho, uma quantidade moderada de azeite de oliva, sal, pimenta e um pouco de água.

Deixar cozinhar em fogo baixo, mexendo sem tocar nas paredes do recipiente.

Quando o composto tiver formado uma crosta sobre o recipiente, deve-se vertê-lo rapidamente, para que a açorda saia junto com a crosta, adquirindo a forma do próprio recipiente.

74. Cogumelos assados

Pegar alguns cogumelos de um vermelho bem intenso, entre aqueles que são chamados de *ombrelli* (guarda-chuvas).

Tirar o caule e a pele dos cogumelos e colocá-los em gavetinhas de papel consistente, que as boas donas de casa sabem construir, levantando as bordas de um quadrado de papel.

Salpicá-los de sal e pimenta e cobri-los de óleo. Colocadas as gavetinhas sobre uma grelha, cozinhá-las em fogo moderado, virando os cogumelos continuamente.

Quando tiverem diminuído bastante de tamanho, escorrê-los do óleo e servi-los quentes.

75. Vagens ao molho

(Tegoline in tecia)

Limpas as vagens que se deixou por algumas horas de molho em água fria para adquirirem consistência, colocá-las em um recipiente em que tenha sido preparado um refogado de manteiga, azeite de oliva, alho e salsa. Colocar depois em fogo alto, acrescentando um pouco de tomate, até que tenham sido reduzidas pela metade e tenham ganho uma cor mais escura.

São servidas como acompanhamento.

76. Polenta com *uccelli*

(Pequenas aves de caça)

Enfiar em espetinhos de lenha os *uccelli* depenados e eviscerados, intercalando-os com fatias de toucinho e folhas de sálvia.

Deixá-los cozinhar em fogo alto, num recipiente que contenha bastante manteiga.

Enquanto isso, preparar à parte uma polenta mais tenra do que dura, vertê-la num prato e colocar sobre ela os *uccelli* e seu sumo.

77. Leques

(Cape sante)

Abrir os chamados leques[20], que podem ser grandes, e, tirados da concha, revolvê-los bem em pão ralado.

Num recipiente de cobre estanhado, fazer um refogado de óleo e manteiga, alho e salsa e colocar nele os leques, tendo o cuidado de virá-los até que o pão fique bem corado.

Deixar cozinhar por quinze minutos, acrescentando vinho branco e algumas gotas de limão.

78. Risoto de açougueiro

(Risoto a la bechera)

Num refogado de manteiga, cebola e tutano de gado,

20. Molusco bivalve da família dos pectinídeos. (N. do T.)

colocar as chamadas *regalie* (sobras) de frango, um pouco de quarto de vitelo cortado em pedacinhos bem pequenos, algum pedaço de aipo e de cenoura e um copo de molho de tomate.

Depois de quinze minutos de cozimento, colocar o arroz e, acrescentando bom caldo de carne, proceder como para os outros risotos.

79. Sopa de rabo

Deixar ferver um rabo de gado cortado em pequenos pedaços, junto com uma pequena cebola, um aipo e uma cenoura cortada pela metade.

Quando o cozimento estiver completo, tirar as verduras; colocar o rabo e o caldo sobre pão fatiado e completar com muito queijo parmesão.

80. Tripa a la luganeghera

(À moda do salsicheiro)

Cortar as tripas gordas de vitelo em tiras mais fininhas e colocá-las numa frigideira com metade de óleo e metade de manteiga, uma cebola fatiada, salsa e pimenta. Mexer por dez minutos e servir.

Não é preciso dizer que a tripa deve ser previamente cozida.

81. Sardinhas a scotadeo

(Queimando os dedos)

Pegar as chamadas *sardoni* (pequenas sardinhas ou anchovas), fresquíssimas, e enfiá-las no sentido da largura em finos espetos.

Expô-las ao fogo abrasador sobre uma grelha, espremer sobre elas o suco de um limão e servir bem quentes.

82. Polenta com *uccelli*

(2ª maneira)

Escolher os *uccelli*[21] mais graúdos e enfiá-los no espeto entre pedaços de toucinho e folhas de sálvia, expondo-os à chama viva.

Sob o espeto, colocar um recipiente de ferro estanhado, com o qual se recolhe a gordura que escorre enquanto os *uccelli* assam.

No recipiente, colocar depois pedaços de polenta já fria, e deixá-las fritar até que adquiram uma cor dourada.

Servir os *uccelli* rodeados das polentas fritas.

83. Fricassé de rim

De rins de vitelo cortados em pequenos pedaços, tirar primeiro a água, expondo-os ao fogo em uma frigideira.

Preparar então um refogado de óleo, manteiga e alho; tirado o alho depois de corado, acrescentar salsa picada, sal, uma pitada de pimenta, e deixar cozinhar nele os rins por dez minutos.

Espremer um limão por cima e, quando o sumo voltar a ferver, servir quentíssimo.

84. Peru à moda da Dalmácia

(Dindio a la schiavona)

Colocar no espeto um peru jovem, coberto com duas fatias de toucinho, e no ventre do qual tenham sido introduzidas

21. Pequenas aves de caça (variam conforme a região). (N. do T.)

seis castanhas cruas bem limpas, oito ameixas ou ameixas secas e dois pequenos aipos.

Enquanto o espeto gira, molhar continuamente o peru com o sumo que escorre dele.

Quando estiver no ponto, colocar fora o recheio e servi-lo quente, rodeado de batatas fritas.

85. Cogumelos ao molho

(Tecia e grela)[22]

Escolher cogumelos vermelhos, os melhores e os mais sãos, preferindo aqueles que não estão ainda desabrochados e têm a forma de uma bola.

Tirar deles a pele, cortar em pequenos pedaços, deixar por meia hora na água salgada e, depois de escorridos, colocá-los num recipiente em que se tenha feito antes um refogado de manteiga, óleo, alho e salsa. Salgá-los na medida certa e deixá-los ficar em fogo baixo por duas horas, até que o seu volume tenha se reduzido pela metade.

86. Almôndegas de carne

Triturar uma sobra de carne de gado, cozida ou assada, acrescentando algumas fatias de salame.

Fazer uma massa, unindo-a com dois ou três ovos inteiros, uva málaga, *pignoli*, pedaços de cidra cristalizada e um copinho de boa aguardente. Se a massa ficar muito mole, pode-se dar firmeza a ela com um pouco de farinha.

Moldar várias almôndegas que, envolvidas em pão ralado, são fritas na manteiga ou na banha e servem-se cobertas de açúcar.

22. Nome que em Veneza se dá aos cogumelos, indicando que eles são cozidos ou na frigideira ou sobre a grelha. (N. do T.)

87. Omelete

(Fortagia)

Bater bem seis gemas de ovo e acrescentar a eles algumas fatias de presunto e salame cortados em pedaços, um pouco de sal e salsa picada.

Separadamente, bater em neve as claras e depois uni-las à mistura anterior.

Fritar como qualquer outra omelete e servir quente.

88. Torta de nada

(Torta de gnente)

A meio quilo de farinha branca finíssima, misturar tanta manteiga fresca quanto for necessário para formar uma massa homogênea.

Acrescentar cem gramas de açúcar baunilhado, uma pitada de sal e encher com a massa uma frigideira de cobre estanhado, de forma redonda, untada de manteiga.

Cozinhar com *fuoco sotto e sopra*[23].

89. Intingolo

Deixar cozinhar, num refogado de manteiga e cebola, sobras de aves, cogumelos secos banhados em água morna, aipo e cenoura cortada bem fina.

Na metade do cozimento, acrescentar fígados de frango cortados em pequenos pedaços, depois deixar cozinhar tudo por dez minutos, junto com um bom caldo de carne; banhar na mistura pão fatiado e cobrir tudo com bastante queijo parmesão.

23. Fogo abaixo e acima. Maneira antiga de cozinhar, em que algumas brasas são colocadas também sobre a tampa da panela. (N. do T.)

90. Pastelão de macarrão

(Pastizzo de macaroni)

Com parte igual de farinha e manteiga, preparar uma massa folhada e cobrir com ela as paredes de uma caçarola de cobre estanhado.

Separadamente, cozinhar em água e sal macarrões napolitanos bastante graúdos e escorrê-los depois de passados três quartos do tempo de cozimento.

Num outro recipiente, preparar um *ragoût* com sobras de frango, cogumelos secos banhados, aipo, cenoura e alguns pedaços de pombo cozido.

Depois de colocada a massa folhada no recipiente untado de manteiga, acrescentar em camadas os macarrões e o *ragoût*, cobrindo cada camada com queijo parmesão.

Com uma folha arredondada de massa folhada, colocar uma espécie de tampa no pastelão.

Levar ao forno ou completar o cozimento com fuoco *sotto e sopra*[24].

91. Couve sofegae[25]

Fazer um refogado com óleo, alho e folhas de alecrim. Cortar as couves lombardas em filetes bem fininhos, emergi-las no refogado e deixar tudo em fogo mais baixo do que alto, por duas ou três horas, até que as couves fiquem reduzidas a apenas um quarto do seu volume.

24. Fogo abaixo e acima. Maneira antiga de cozinhar, em que algumas brasas são colocadas também sobre a tampa da panela. (N. do T.)

25. Couve sufocada, isto é, reduzida ao máximo. (N. do T.)

92. Língua salgada

(Lengua salmistrada)

Pegar uma língua de novilho ou de vitelo, salgada e defumada, e cozinhá-la na água durante três quartos do seu tempo de cozimento.

Separadamente, acrescentar um chucrute alemão (*sauerkraut*) a um refogado de toucinho e algumas folhas de alecrim. Quando o chucrute tiver diminuído bastante de volume, acrescentar a língua cortada em fatias e completar o cozimento de tudo por cerca ainda de uma hora.

Servir quente.

93. Sugoli[26] de mosto

Levar ao fogo, em um recipiente, um litro de um bom mosto, que tenha sido previamente coado.

Quando ferver, acrescentar um pouco por vez farinha de milho, até que se obtenha uma polenta semilíquida. Salgar e colocar no prato, servindo-a quase fria.

94. Focaccie

Pegar farinha de milho e misturá-la com água fria, acrescentando algumas colheres de farinha branca e cem gramas de açúcar, uva málaga, pignoli, pedacinhos de cidra cristalizada, dois ovos e um pouco de sal.

Quando estiver com uma boa consistência, fazer algumas pequenas *focaccie*[27] que, colocadas numa chapa de ferro untada de manteiga, são levadas ao forno.

26. Palavra intraduzível, que indica uma massa quase líquida. Na época da vindima, é o alimento dos camponeses em quase toda a região do Vêneto. (N. do T.)

27. As *focaccie* são arredondadas e achatadas, semelhantes a pizzas, mas mais grossas. (N. do T.)

95. Risoto com secole[28]

Colocar as *secole* num refogado feito com várias cebolas e muita manteiga. Acrescentando um copo de molho de tomate e outro de caldo, uma pitada de canela e sal, deixar reduzir por cerca de duas horas. Colocar o arroz, acrescentar um pedaço de tutano de boi e, regando aos poucos com caldo quente, proceder como para os outros risotos. Servir com muito queijo.

96. Pastelão de polenta

Estender numa caçarola folhas de massa folhada, como se procede com o pastelão de macarrão.

Em camadas, ajeitar fatias de polenta bem tenras e, a cada camada, acrescentar muito queijo e um *ragoût* previamente preparado. Cobrir com outra massa folhada e cozinhar no forno ou com *fuoco sopra e sotto*[29].

Procede-se da mesma maneira quando se quer fazer um pastelão de talharim com ovos.

97. Torta graúda

(Tortion)

Preparar uma bela folha de massa folhada estendida mais fina e cobri-la com uma mistura de maçãs fatiadas, uva málaga, *pignoli*, pedacinhos de cidra cristalizada, nozes e amêndoas trituradas, cobrindo tudo com açúcar e manteiga.

Enrolar depois a massa, de forma que nela permaneça todo o recheio.

Dar ao rolo a forma de uma meia-lua e depois levar ao forno.

28. Em Veneza, chamam-se *secole* aqueles pedaços de carne que servem para manter os intestinos do boi aderentes ao corpo. Os açougueiros têm um cuidado especial de retirá-los e guardá-los para a sua família. Por isso, só é possível encontrá-los pedindo aos que trabalham nos açougues. Têm um sabor muito especial. (N. do T.)

29. Fogo abaixo e acima. Maneira antiga de cozinhar, em que algumas brasas são colocadas também sobre a tampa da panela. (N. do T.)

98. Pequenas favas

(Favette)

Misturar farinha branca, um pedaço de manteiga, duas colheres de açúcar, dois ovos inteiros e um copinho de licor.

Manipular a massa por uma boa meia hora, até que fique bem macia. Moldar com ela bastonetes do diâmetro de um dedo, cortá-los em pedaços e depois fritá-los no óleo ou na banha.

Pulverizar com açúcar.

99. Sopa de arroz com luganega

(Lingüiça)

Escolher a lingüiça chamada trevisana, que é aquela moldada em pequenos pedaços e que contém a carne de porco triturada, até ficar como uma pasta.

Abrir dois pedaços da lingüiça e dissolvê-los na manteiga, deixando no fogo por cinco minutos

Colocar o composto em caldo de carne e de frango e acrescentar o arroz numa quantidade tal que deixe a sopa bastante líquida.

Na metade do cozimento, acrescentar tantos pedaços inteiros da lingüiça quantos forem os convidados.

Servir com queijo parmesão.

100. Focaccia de Páscoa

Da mesma forma como acontece com o panettone natalício milanês, em Veneza comem-se centenas de quilos da *focaccia* pascal; ela está presente em todas as mesas no dia da Páscoa, mesmo nas mais humildes.

Pegar levedo de cerveja e dissolvê-lo em água morna; acrescentar um, dois, três quilogramas de farinha, segundo a quantidade de *focaccia* que se quer preparar, e deixar a massa coberta em um lugar quente, até que ela cresça. Retirar a massa e acrescentar a ela mais farinha, ovos, manteiga e açúcar, na quantidade de seis ovos, duzentos gramas de manteiga e meio quilo de açúcar para cada quilo de farinha utilizada.

Amassar a massa e colocá-la num lugar quente por duas horas, tendo o cuidado de cobri-la com um pano.

Retirar a massa uma segunda vez e amassá-la novamente com igual quantidade de ovos, farinha, manteiga e açúcar, como anteriormente.

Colocar mais uma vez a massa, coberta, no calor por outras cinco ou seis horas.

Por fim, moldar a massa na forma de *focaccies*[29], pesando cerca de meio quilo cada uma, ungi-las com um pincel passado em clara de ovo e levá-las ao forno.

29. As *focaccie* são arredondadas e achatadas, semelhantes a pizzas, mas mais grossas. (N. do T.)

Índice alfabético de receitas de A Boa Mesa com Sotaque Italiano

Índice alfabético de receitas de 100 Receitas de Cozinha Veneziana

IMPRESSÃO:

GRÁFICA EDITORA
Pallotti
IMAGEM DE QUALIDADE

Santa Maria - RS - Fone/Fax: (55) 222.3050
www.pallotti.com.br
Com filmes fornecidos.